詩

시와 **철학**의 만남

詩

시와 철학의 만남

추천의 글

최 목사님은 목회도 하고 신학도 하고 철학도 한다. 그러나 최성열 목사님은 자신을 시인이라고 여긴다. 시인이라는 자기 정체성이 목회와 신학, 철학이라는 활동을 모두 아우른다고 생각하기 때문이다. 최 목사님에 따르면 시는 철학의 한 분야이며, 노래와 예술, 치료약이다. 최 목사님의 목회 사역은 성도들에게 치유를 경험하게 하는 시적 사역이다.

최 목사님은 예술의 목적이 아름다움 자체에 두는 예술지상주의의 한계를 직시한다. 최 목사님에 따르면 예술은 인간을 행복하게 하는 치료의 효과까지 거두어야 한다. 최 목사님의 신학과 철학, 시론은 철저히 실천적이다. 그런 점에서 최 목사님의 시론은 "너희가 먹든지 마시든지 무엇을 하든지 다 하나님의 영광을 위하여 하라"(고린도전서 10:31)의 말씀에 근거를 둔다. 아름다움의 관조만을 목표로 하는 예술은 "평안히 가라, 덥게 하라, 배부르게 하라 하며 그 몸에 쓸 것을 주지 아니하면 무슨 유익이 있으리요"(야고보서 2:16)는 말씀과 맞지 않는다.

예술은 대상 그 자체를 드러냄으로써 진리를 추구할 뿐 아니라 사람들로 하여금 아름다움의 체험을 하도록 해야 한다. 그러나 예술은 하나님의 형상인 사람을 온전히 회복시키는 실천적이고 치유적인 결과를 가져야 한다. 그러하기에 최 목사님은 진리를 인식하고 실천할 때 아름답다(kalokagathon)고 주장함으로써 진선미를 구별하지 않고자 한다. 우리 하나님도 진리의 하나님이시며 선하신 하나님이시며 아름다운 하나님이시다. 하나님의 형상인 우리 인간도 진리와 선, 아름다움을 추구한다. 진리이지만 선하지 않는 것이란 없어야 하며 선하지만 아름답지 않은 것도 없어야 한다. 진리는 선하며 아름다울 수밖에 없다.『시란 무엇인가? 시와 철학의 만남』은 진선미를 구별하여 진리의 영역과 선의 영역, 아름다움의 영역을 별개의 영역으로 보는 예술지상주의를 비판한다는 점에서 귀중한 책이다.

이경직 교수
(백석대학교 신학대학원 조직신학, 한국기독교철학회 책임연구이사)

추천사

   시를 위한 많은 저작, 지침서가 있음에도 불구하고 최성열 시인의 '시와 철학의 만남'은 시 창작의 쉬운 안내와 시 창작을 통한 자가 치유, 그리고 압축적이며 함축적인 철학의 표현을 위한 시에 대해 기술하고 있는 것이 특징이다. 시를 읽는 목적은 단순한 기분 전환을 위한 감상일 수도 있고, 시를 통한 자아의 치유를 경험하고자 할 수도 있다. 그리고 자신의 시를 쓰는 능력을 배양하고자 하는 목적일 수도 있는 데, 시를 쓰기 전에 시를 즐기는 방법을 알아야 한다.

   시는 형식적으로 내재율을 가진 자유시와 외재율을 가진 정형시로 나뉘는데 가락을 운율에 실어 노래하듯 시를 읊으면서 감상하는 방법도 알아야 즐길 수 있다. 그리고 직유, 비유, 대구(對句), 직유, 은유, 의성, 의태 등등 시를 잘 다듬는 방법을 알면 효과적이며 강력한 시의 작성 능력을 키워갈 수 있다. 이 책은 이러한 점에서 자상한 교사와 같이 친절하게 안내를 하고 있다.

   고전적인 많은 시들은 당시 시대의 역사적 상황과 시인의 철학을 잘 이해해야 효과적인 감상을 할 수 있고 시를 잘 이해할 수 있으며 상황과 철학이 잘 어우러져서 명시가 탄생한다. 고전적이든 현대적이든 시는 그 것이 한시가 되었든 시조가 되었든 영웅과 문객들이 역동적인 시대에 참여하고, 저항하고, 관념을 표현하고 사상을 표출하면서 짧은 시를 통하여 그 사람의 관념과 정서와 인격을 드러나게 한다.

하지만 현대시는 광고멘트와 같은 언어 수사적인 기교와 이미지적인 처리 기법 그리고 이행하기 어려운 관념의 표출에는 발전을 이루었으나, 시를 통한 치유와 철학적인 깊이의 표출에는 미약한 부분이 있다. 결과적으로 시가 독자들에게서 멀어져간 이유 중의 하나는 빠른 시대의 변화 탓도 있지만 시를 창작한 시인들의 책임도 일정부분을 차지한다. 이 책은 독자들에게 시를 감상하는 방법, 쉽게 시를 짓기 시작하는 방법을 교육하고 시에 철학을 담아 쓰는 방법까지 안내함으로서 좋은 시를 짓고 이해하는 하는 단계를 알기 쉽게 쓰고 있다.

현대사회가 시에 대한 애정이 식고 사람들이 현란한 이미지즘과 광고에 몰두하면서 사람들의 머리는 모래시계가 된다. 이 때 시가 담당한 사명은 삭막한 사회에 따뜻한 사랑을 불어넣는 생기이다. 현란한 광고와 드라마같이 자판기에서 나오는 인위적인 음료가 아닌 산속 깊은 곳에서 나오는 샘물과 같이 힘들게 인생을 등반하는 사람들에게 위로와 활력이 되어야 한다.

　최성열 시인의 '시와 철학의 만남'은 아버지가 아이들에게 자상하게 놀이를 가르치듯 철학을 시와 접목하는 방법을 알려준다. 어머니가 따뜻한 사랑을 담아 밥과 반찬을 지어주고 가족이 둘러앉아 담소를 하듯 시에 철학을 담아 요리하고 그 맛을 즐기는 방법을 알려준다. 바쁘고 삭막한 시대에 최성열 시인의 '시와 철학의 만남'이란 책을 통해 독자들이 시를 놀이처럼 즐기고 시를 통해 치유되고 인생의 철학에 대해 생각해보면 무엇보다 소담한 미소를 되찾기를 바라마지 않는다.

이영대 박사
(시인, 국제문화기술진흥원 연구소장)

 추천사

　최성열 시인은 시와 시문학에 대해 깊이 이해하며 시대별 다양한 장르의 패러다임 속에서 시(詩)세계의 키워드를 인지하는 능력을 갖추었다. 시문학의 전반적인 지식과 통찰력, 그리고 창작 능력까지 겸비하고 있으며, 또한 다양한 시들을 편향되지 않게 진단 간파하고 비평하는 동력을 가진 시인으로서 시공을 초월하여 흐르는 운율의 바다에서 시의 함선을 좋은 궤도로 이끄는 나침반이 되리라 기대한다.

　본서는 시의 원칙(음운과 구성)을 넘어 '자유로운 시창작' (Composition of Poems)의 세계와 그 묘미를 알려주고 있으며, 시의 본질을 다각도로 예리하게 분석 간파하여 만든 글로서 자상한 메시지가 담겨 있어서 시세계를 이해시키는 데 일조하며, 시의 품격을 한층 더 업그레이드시키는 동력이 되리라 확신한다. 시(詩)의 묘미를 이해하고자 하는 사람들에게 본서는 최상의 입문서가 되리라 기대하며 적극 추천하는 바이다.

홍일권 작가
(목사, 시인마을 편집장, 초록편지 · 해피라이하우스)

추천사

치유, 세워짐을 위해 나아가는 이론의 설계자

시적 이론을 논하는 것은 참으로 어려운 일이다. 시인의 상상은 다양하고 시적 소재도 다양하며, 그 다양한 주제나 역사의식을 가지고 창작에 임하기에 시적 토대를 위해 논한다는 것은 어려운 일이다. 더욱이, 시에 있어서도 제3의 시라고 할 만큼 기존의 형식이나 장르를 뛰어넘어 창작되어지는 이때에, 그러한 시의 이론을 어떤 규격에 정립하여 논하는 것은 그리 쉬운 일이 아니고 창작을 하는 작가보다 훨씬 어렵고 산고의

고통을 치룰 뿐 아니라 많은 철학 심리학 사회학적인 지식을 겸비해야 할 문제이다.

평론가이며 시인이고 인간의 영혼을 만지는 목회자인 최성열의 시도는 남다른 바가 보이며 문학 이론의 지평에 새로운 방향이 아닌가 생각하며 기쁜 마음을 가진다. 많은 문학 평론가들은 문학 그 자체만을 논하기에 바쁘다. 그러나 최성열은 문학을 통한 싸맴, 혹은 회복시킴, 즉 수많은 상처를 치유하는 문학으로서의 사명자적 견지에서 보는 문학의 이론을 구축해 나가고 있는 것이다.

그를 치유학적 시각에서의 평론가로 나아갈 수 있도록 해 준 바탕은 신학임과 아울러 진한 휴머니즘 관점에서 나온 것이라고 평할 수 있겠다.

예술을 총 망라한 창작 작품에는 여러 가지 종류가 있다. 최근 많은 음악과 드라마, 문학 작품은 혼적인 감정에 도전을 주는 작품보다 육체적 만족을 채워주는 곳에 더 치중하게 된다. 그 이유는 대중을 따르는 예술을 하기 때문이다. 극히 소수의 사람들이 혼의 정서 혹은 영의 성장에 필요한 울림장을 만들기 위해 노력하고 있다. 영혼의 풍성함과 치유를 위한 문학의 이론을 세워주는 것은 참으로 중요한 부분이 아닐 수 없다. 그런 시각에서 볼 때 평론가 최성열의 시도는 영혼을 살찌게 하는 것이요 치료시키는 매개체로서의 창작의 기초를 마련해 가는 길고 외로운 여정이라고 본다. 아울러 그의 진실
성을 찾아 잔잔히 외치는 평론가의 목소리에 귀 기울여 보아야 할 것이다.

김동욱 박사
(목사, 선교사, 시인, 참빛선교회 원장)

추천합니다

　최성열시인의 '시와 철학의 만남' 발간을 축하합니다. 최성열 시인의 시는 그리 어렵지 않게 읽을 수 있습니다. 쉽게 읽을 수 있다는 것은 그 만큼 일반 대중과 소통이 잘 되고 있다는 이야기일 것입니다. 스스로는 실력이 있다고 생각하나 일방 대중들이 읽었을 때 무슨 말인지 전혀 감이 오지 않는 시는 좋은 시가 아닙니다. 자기 과시에만 능할 뿐 사람들에게 감동을 주지 못합니다.

　최성열 시인의 시가 쉽다고 해서 수준이 떨어진다는 의미는 아닙니다. 오히려 최성열 시인의 시는 상당한 넓이와 깊이를 드러냅니다. 음악, 역사, 신학, 문학 등 다양한 면에서 박식함을 드러내는 최성열 시인의 시에는 그 모든 것이 압축해서 하나의 시를 이루고 있음을 보여줍니다. 따라서 문장만이 아닌 단어 하나에도 보통 사람들이 담을 을 수 있는 한계를 넘어서는 의미를 담아 시를 읽는 독자로 하여금 심연 속으로 내려가게 만듭니다.

　수준이 있으면서 동시에 대중에게 친밀한, 다양한 깊이를 담고 있으면서 동시에 너무나도 단순한 최성열 시인의 시를 읽는 것은 그 자체로 큰 즐거움입니다. 끝없이 공부하고 성장해가는 최성열 시인을 볼 때 앞으로 또 어떤 차원의 시 세계가 펼쳐질까 하는 생각을 하면 가슴이 두근거립니다. 감동을 잃어버린 시대 속에서 사람들의 심금을 울리는 그의 시가 점점 더 퍼져나가기를 소망합니다.

안희환 목사
(목사, 시인, 시인마을 발행인, 기독교싱크탱크 대표)

| 머리말 |

시란 무엇인가? 시는 철학이며, 노래이면서 문화이다. 또한 예술이며 치료약이라고 생각한다. 이는 필자가 '시가 무엇인가'를 25개의 주제로 시와 철학의 만남의 장을 마련하면서 터득한 바이다. 물론 시(詩)는 더 확대된 영역으로 볼 때 무궁무진한 설명이 있을 수 있으며, 지금도 계속적으로 나은 명제의 설명을 따라 정의되고 있다. 그러는 와중에 졸자(拙者)는 세간에 '시란 무엇인가'라는 많은 책들이 있음에도 불구하고 '시와 철학의 만남'에 대한 필자 나름의 생각을 몇 자 적어보려고 한다.

이 글이 시를 공부하는 분들에게 조금이라도 도움이 된다면 필자는 그것으로 족하겠다. 시란 무엇인가를 설명하기 위해 아래 세 가지 정도 서론적 설명으로 시적 기교, 언어 패러다임, 언어의 예술로 설명한 다음 본문으로 들어가겠다.

1. 시적 기교(技巧)

시는 여러 기술적인 문법과 다양한 시의 장르로 구분된다. 특히 시가 요청하는 것은 주제의 의미, 음운의 기교 등을 말할 수 있다. 시는 이러한 방식으로 언어를 축약하고 기술적인 언어 사용으로 더 멋진 시를 창작할 수 있다. 그런데, 이 시를 특별히 시적 형식 논리 구조에서 나누어 본다면 '비확장적 언어'와 '확장적 언어,' '비모순의 논리'와 '환장된 직유'로 구분할 수 있다. 다시 말하면,

시적 문학으로서 그 가치적인 측면에서 언어의 기술이라고 표현할 수 있다. 시인이 의도하는 바를 깊게 이해할 필요가 있어야 독자는 '시다운 맛'을 감상할 수 있다 하겠다.

2. 현대 언어의 파괴적 패러다임

시는 언어적 산물이며 예술이다. 인간 생활에 있어서 언어는 참으로 중요하다. 현대 언어는 소쉬르 이후 파괴적 패러다임이 있어 왔다. 그것은 모더니즘과 이것에 상응(相應)한 포스트모더니즘(건축분야에서 제일 먼저 도입했다고 전해짐)이 이입되면서 몇몇 학자들 간에 언어의 쇄신이라는 명목 하에 허무주의가 창출되었다는 것이다. 곧 언어는 플라톤의 표현처럼 모두 글로 표현할 수 없으며, 인간의 뜻이 그 안에 다 기입되지 못하는 것으로 여겨진다는 것이다.

3. 문화이자 예술로서의 언어

그러나 개인적으로 이런 행위는 언어도단이라고 생각한다(이에 대해서는 본문에서 비트겐슈타인의 '사적 언어 논증'으로 설명하겠다). 개인적으로 언어는 '끊기는 것이 아니라 살아 있는 호흡'이다. 인간이 말로 다 표현 못하고 글로 다 쓸 수 없을 뿐이다. 그렇더라도 인간 안에 있는 감정을 절제할 수 있는 미덕과 말을 조리(條

| 머리말 |

理) 있게 할 수 있는 능력이 있다면 시적 언어가 창출될 수 있다고 본다. 그리고 이것을 지면에 기록하여 독자와 청자에게 공유할 수 있게 한다면 시는 그야말로 인간 생활에 없어서는 안 될 최상의 문화이자 예술이 될 것이다.

 필자는 시란 무엇인가를 어렵게 설명하려는 것이 아니다. 다만 언어의 파괴적 행위가 있는 현대시대라고 할지라도 언어의 효용성을 가지고 시작(Composition of Poems)시작 언어적 유희(遊戲)로 말미암아 작가와 독자가 아울러 심신의 치료가 될 수 있다는 점을 말하고 싶은 것이다. 아래 각 주제에서 시는 '문화이자 문학'이라는 글을 공통적으로 많이 쓸 것이다. 그러한 이유는 시는 하나의 인문종합예술이라고 생각하기 때문이다. 더불어 필자가 생각하는 '시와 철학의 만남'을 요소마다 간단하게 정리하고자 한다.

Contents

추천의 글

❖ 이경직 교수   4
(백석대학교 신학대학원 조직신학, 한국기독교철학회 책임연구이사)

추천사

❖ 이영대 박사 (시인, 국제문화기술진흥원 연구소장)   6
❖ 홍일권 작가 (목사, 시인마을 편집장, 초록편지 · 해피라이하우스)   9
❖ 김동욱 박사 (목사, 선교사, 시인, 참빛선교회 원장)   10
❖ 안희환 목사 (목사, 시인, 시인마을 발행인, 기독교싱크탱크 대표)   12

머리말   14

1. 시는 누구든지 지을 수 있다   20

2. 치료문학으로서의 시(詩)   23

3. 심신의 치료를 경험할 수 있는 시   29
(정지용 시인의 '향수'를 예를 들어서)

4. 잠재의식 안에서 모방(imitation)과 창조(creation)의 관계   33

5. 문학예술로서의 시(詩)   38

Contents

6. 시적 기교(수사적, 역설적, 해학적)   43

7. 사회적인 영향을 끼치는 시   47
   (참여시, 저항시, 사회적 관념시, 사상시 등)

8. 좋은 시를 짓기 위한 조건1   53

9. 좋은 시를 짓기 위한 조건2   65

10. 시를 통해 들여다보는 예술 세계   70

11. 시의 장르(Poem Genre)와 시조에 대해서   77

12. 시적 표현에 대해서   81

13. '시'와 '시(詩) 문학'의 패러다임 관계   88

14. 시(詩) 문학과 시(詩) 문화의 차이와 상관성   94

15. 관조(contemplate)와 이항   98
    대립(binary opposition)의 상관성

16. 시(詩) 문학과 포스트모더니즘의 상관성에 대하여   102

Contents

17. 확장적 직유(enlarged simile)와 비확정적 107
    언사(assertorical lightness)2) – 격조(gorgeous)
    있는 시를 짓기 위해서

18. 수사(시적 이미저리 기법)와 비유와 역설을 111
    활용하여 좋은 시를 창출

19. 시의 '맛'과 '행복'에 대해서1 117

20. 시의 '맛'과 '행복'에 대해서2 121

21. 시와 철학과의 만남(지적 쾌감aesthetical 126
    pleasure과 형이상학Metaphysics과의 상관성)

22. 아리스토텔레스의 시학을 중심으로 – 131
    비극과 시의 상관성(쾌에 대해서)

23. '시'의 언어적 의미와 '시적 언어 행위'에 대한 이해 136

24. 칸트가 말하는 시에 대하여(시와 철학의 만남) 141

25. 형상(形像)학적 직관 너머에 있는 146
    예술로서의 '시'의 가치

부록   정보기술과 현대시와의 융합에서 151
       추출한 '소통과 유희'

1. 시는 누구든지 지을 수 있다

-들어가면서

시를 처음 접하거나 시를 쓰려는 사람들이 선뜻 두려움에 쌓여 시작(Composition of Poems)을 못하는 경우가 있다. 이들은 대체적으로 시가 무작정 어렵다는 것을 통념상으로 이해하고 있기 때문이다. 그러나 무식하면 용감하다는 말이 있듯이 일단 시는 시작(starting) 하면 된다. 그리고 시란 처음 쓰는 사람이나 어느 정도 경지에 있는 작가이거나 매우 쉽게 써야 하는 것이 원칙이다. 처음부터 기교를 부리려고 하면 마치 아이에게 어른 옷을 입혀 놓은 모양이 된다. 그렇게 되었을 땐, 비록 시의 형태를 갖추었을지라도 어딘가 어색해 보일 수밖에 없다. 그렇다면 시는 어떻게 해야 잘 쓸 것인가? 필자가 생각하는 바를 몇 자 적어 본다.

-몸글

우선 좋은 시란 읽기 편하고 문장 안에 의미 부여가 된 것이라야 한다. 그래야만 '시다운 시'라고 할 수 있다. 가령, '아침에 나는 맛있는 밥을 먹었어요'를 시의 문장으로 삼는다고 하자. 어찌 보면 이 문장은 그 자체가 한 줄로 된 산문시라고 해도 무방할 것이다. 그러나 이렇게 따지다보면 어떤 말이나 어떤 문장이든지 다 시라고 할 수밖에 없기 때문에 시적인 구별(distinguish)이 있어야 한다. 즉 맛있는 '밥'이 주는 다른 의미를 살려 보자는 말이다. 아니면 '맛있는'을 도드라지게 표현해도 된다. 아니면 '먹었다'는 의미를 역설적으로 표현한다든가 풍자적으로 비평을 가하면서도 시어를 빚어낼 수 있을 것이다. 또한 '밥'을 '건강'에 비유한다거나 '사랑하는 사람'을 연상시켜서 시를 지을 수 있을 것이다. 밥은 '기쁨'을 말할 수도 있는 것으로 표현할 수 있다. 그렇게 되면 문장은 매우 쉬우면서 좋은 내용이 담긴 시가 된다.

이처럼 자신의 느낌이나 감정을 그대로 표현하는 시는 산문시나 자유시, 서정시의 일종이다. 이를 순수시의 테두리 안에서 쓴다고 하여 자유시로 분류할 수도 있다. 이 자유시는 특별히 내재율을 가지고 있어 정형시와는 차이가 있다. 게다가 필자는 시에다 인생에 대한 철학 이야기를 가미하면서 시를 운운하는 것도 필요하다고 본다. 물론 시는 어떤 설명식으로 나열해서는 큰 의미가 없다. 시는 다분히 문학적이고 예술적인 문화를 일구는 장르로써의 가치가 있기 때문이다.

좋은 시를 지어보고 싶다면 일단 몇 자 써 보면 뭔가 만들어지는 것이 있을 것이다. 곧 감이 잡힐 것이다. 거기에, 아무리 강조해도 지나치지 않는 독서가 그 다음 순번으로 있다고 하겠다. 다시 말하자면, 끊임없는 독서를 통해서라야만 시적 감흥이 샘솟듯 일어날 것이기 때문에 독서를 게을리 하거나 독서하지 않는 사람은 시를 쓸 자격이 없다고도 할 수 있다.

서정시의 진면목을 볼 수 있는 다형 김현승 시인의 '가을의 기도'를 감상해보자.

가을에는
기도하게 하소서.
낙엽들이 지는 때를 기다려 내게 주신
겸허한 모국어로 나를 채우소서.

가을에는
사랑하게 하소서.
오직 한 사람을 택하게 하소서.
가장 아름다운 열매를 위하여 이 비옥한
시간을 가꾸게 하소서.

가을에는
호올로 있게 하소서.
나의 영혼,

굽이치는 바다와
백합의 골짜기를 지나,
마른 나뭇가지 위에 다다른 까마귀같이.

- 나가면서

위와 같이 간단하게 '시작(Composition of Poems)'에 대해서 설명했지만, 막상 시를 쓰려면 망설여지게 마련이다. 왜냐하면 주제를 무엇으로 삼아야 하며 단어를 무엇으로 채택하여 어떻게 멋진 시를 지을까라는 생각이 먼저 들기 때문이다. 물론 처음부터 누구나가 시를 잘 쓸 수 없다. 아무리 실력이 좋고 유명한 시인이라고 해도 그들 나름대로 뼈아픈 고통과 절절한 훈련과 과정이 있었기에 좋은 시가 나올 수 있었던 것이다. 그렇다면 처음에는 걸음마처럼 자신의 마음을 비우고 다른 사람의 시를 읽으면서 한걸음씩 시작해보는 것이다. 시에 대해서 짤막하게 설명을 하자면 일단 무엇보다 자신이 시를 지어보는 것이 최선이라 할 것이다.

2. 치료문학으로서의 시(詩)

- 들어가면서

시는 노래이면서 동시에 치료문학이라고 말할 수 있다. 시를 치료문학의 측면에서 볼 때 그 본질은 시인의 마음속에 있는 즐거움의 표출이라고 할 수 있다. 치료라는 말은 심신의 아픈 곳을 고치거나 본래의 건강한 상태로 회복시키는 과정이다. 그렇다면 시 한 편으로 정말 사람의 마음이나 아픈 곳을 고치거나 갈증을 해소할 수 있을까? 필자는 시인이 표현하는 바를 독자가 정확하게 이해하여 그 마음에 즐거움이 깃든다면 치료될 수 있다고 판단한다.[1] 또한 시 한 편을 통해서 인간관계의 개선도 가능하다고 본다.

반대로 시인의 마음의 갈등이나 시사적인 요소가 있다하더라도 작가의 마음을 십분 이해하여 동감이나 연민의 마음을 품을 수 있는 경우도 있을 것이다. 동병상련이라고나 할까! 필자의 생각을 보탠다면 시는 작가와 독자가 연결되는 징검다리라고 할 수 있다. 그러므로 시를 읽음으로써 치료 효과를 받을 수 있을 것이라고 판단한다. 그래서 필자는 시가 치료문학으로서의 가치와 인간관계의 측면에서 유익한 점들이 무엇이 있는지 '그리움'이라는 주제로 문장 하나를 가지고 간략하게 정리해 보고자 한다.

---

[1] F. W. 니체/마틴 하이데거 지음, 『니체의 신은 죽었다』, 강윤철 옮김, (서울: 스타북스, 2011), p. 129. 니체는 "모든 예술가는 그를 이해하는 소수의 사람에게 속하는 즐거운 유산이다. 예술가는 그의 관객을 위해 태어났으며 그의 관객은 그를 위해 태어났다"고 했다.

- 몸글

  시는 화자와 독자 사이에 징검다리 역할을 한다고 말할 수 있다. 특히 시인이 생각한 것이 독자가 겪고 있는 아픔이나 곤란이 같다면 치료효과는 배가될 것이다. 이는 곧 시인의 마음이 사랑이나 어떠한 갈등의 요소를 외부로 표출하여 자신이 먼저 치료의 경험이 이루어졌다는 것을 의미한다.

  독자가 화자의 마음과 같지 않을지라도 그 시 자체에서 즐거움을 얻게 된다면 그 사람에게 아름다운 미소를 짓게 할 것이다. 물론 때로는 사람의 마음이 치료가 되지 않고 오히려 마음의 갈급함을 빚어내기도 할 것이다. 그런 경우에도 꼭 그 시가 독자에게 부정적인 영향을 주었다고 단정할 수는 없다. 그것은 그 사람이 가진 마음속의 어둔 색이 우러나오는 것이기 때문이다.

  이처럼 시를 통해 즐거움의 자리에 동참해 주고, 고통에 자리에 손을 잡아 당겨주는 일은 우리 인생에 있어 참으로 아름다운 소치라 하겠다. 이것이 치료문학의 밑거름이 될 것은 분명하다. 하나의 시가 일구어내는 생산적 가치란 대단한 것이기 때문이다. 그렇게 하기 위해서 좋은 시를 창작해 낸다는 것은 더더욱 대단한 일이라 할 것이다. 좋은 시란 시어나 구에 장과 연에 운율이 가미되어 아름다운 가락이 빚어져야 한다. 더불어 규격에 맞는 비유와 은유, 대구(對句) 등이 한데 어우러지면 좋을 것이다. 물론 평행과 직유,

은유, 의성, 의태 등등 문장 구성이 갖춰지면 더욱 좋겠다.

좋은 시는 시인의 마음이 평온할 때라야 그 아름다운 내면의 가락이 나올 수 있다고 본다. 독자는 그런 시를 접할 때면 그의 마음에서 아름다운 미소가 절로 난다. 신명나는 우리 극에서 '얼쑤'하는 소리가 자동적으로 나오는 것과 같은 맥락이다. 또한 시란 치료 문학의 자리에 갖다 놓기 전에, 자연스러운 노래로 승화될 때 시로써 더욱 의의가 있다고 할 수 있다. 시를 쓰는 사람은 아름다운 이야기를 노래로 만드는 것이기 때문에 함축적으로 쓴다. 예를 들어 작가가 '그리움'이란 주제로 자기 마음을 외부로 끌어낸다고 생각해 보다. 시인이 그리움을 그려내고자 하는 것은 그 마음에 무엇인가 채워짐을 원하기 때문에 그리움으로 표현되는 것이다.

그러면 아래의 몇 가지를 '그리움'이란 주제로 하여 시로 읊어보고 치료 문학으로서의 가치를 설명해 보기로 하자.

첫째, '나는 마음이 울적하여 무엇엔가 그리움에 젖어들고 있습니다'라고 마음을 표출할 수 있다. 이 시구는 산문체 형식의 시구다. 이는 산문시라고 할 수 있다.

둘째, 여기에다 운치를 더하고 싶다면 '그리움이 나를 울적한 친구에게 소개하려고 안달합니다'라고 묘사할 수 있다.

셋째, '어떤 녀석이/ 그리움을/ 모르는 나에게/ 울적한 맘을/ 달래려고/ 그리움을/ 가져다주고 있네'라는 표현으로 쓸 수 있다.

독자는 위의 첫 번째를 감상할 때 시인의 마음에 어떤 그리움이 발생하고 있음을 공감한다. 둘째 번은 첫째 번과 같은 의미이지만 그리움을 의인화하여 시운을 돋아 보았다. 이는 해학이 드러나는 좋은 문장이라고 할 수 있다. 그리고 그 그리움은 이미 의인화된 '울적한 친구에게' 소개하려고 애쓰고 있는 동작에서 살짝 웃을 수 있다. 이렇게 이런 순수하면서도 자유로운 형식으로 서정시를 지을 수 있다. 조금 억설일 수 있지만 잠시 웃는 동안 심리적 치료가 발생할 수 있다고 본다. 그리고 이 과정에서 독자는 작가가 읊어내는 가락과 그 내용에 독자도 참여할 수 있게 된다.

위의 셋째 번은 정형시라고 할 수 있다. 정형시는 운율을 따라서 노래하기 위해서 만들어진 것이다. 또 그 율격과 형식이 까다로워 매우 정교한 규칙을 요구하기에 여기서는 다루지 않겠지만 시로 표현할 수 있는 깊은 맛이 있는 것이 정형시이다.

여하튼 '그리움'이라는 주제로 시를 쓴다고 할 때 그리움의 매개체는 '어떤 녀석'이 사람인지 사건인지 사물인지 모르고 있다. 그러나 그리움이 무엇인지 몰랐던 독자에게 우울한 맘을 털어버리고 안달하는 모습을 보여주고 있어 재미있게 표현된 것을 볼 수 있다. 이 때문에 그리움이 무엇인가 깨닫게 되는 계기를 도출할 수 있다.

이런 시구는 매끄럽고 부드러운 맛을 통해서 음운과 내용으로 독자로 하여금 치료할 수 있는 훌륭한 도구라고 할 수 있다.

- 나가면서

결론적으로 위의 형식이 다른 세 문장을 표현함으로서 언어가 가진 특질을 맛볼 수 있다. 시는 읽혀져서 또는 보이기도 하고 들려지기도 하여 전달받는 이로 하여금 감정을 실어줄 수 있다는 장점이 있다. 곧 작가와 독자가 같은 마음으로 시를 감상할 수 있는 도구가 되는 것이다. 시는 형태를 따라 운율을 맞춰 짓는 것도 좋지만 읽는 이가 지은이의 감정을 더 쉽게 알 수 있도록 자유시로서 쉽게 와 닿을 수 있게 할 때 그 맛은 더할 것이다.

이렇게 될 때, 하나의 시를 통해 아름다운 노래를 부르며 더불어 사는 인생의 묘미를 맛볼 수 있다. 나아가 시인의 진정성이 글로 전달되고 사랑의 노래가 되어 치료의 효과를 볼 수 있게 된다면 참으로 좋을 것이다. 필자는 독자로 하여금 시 한편으로 치료의 효과를 맛보게 할 수 있다고 확신한다. 이는 좋은 시가 창출하는 빛나는 시(詩) 문학으로서 우뚝 설 수 있다고 자부하기 때문이다.

3. 심신의 치료를 경험할 수 있는 시
　(정지용 시인의 '향수'를 예를 들어서)

– 들어가면서

　시란 개인적으로 인간의 내면에 필요한 좋은 치료약이라고 생각한다. 시작(Composition of Poems)을 해 놓고 혼자 감상하는 것도 나쁘지는 않을 것이다. 하지만 독자들과 공유할 수 있다면 시에 관한 문화적 확대가 되어 치료(힐링)의 한 부분을 함께 할 수 있다고 생각한다. 또한 서로가 좋은 시를 통해서 마음을 주고받을 수 있다는 것은 더욱더 고무적인 일이라 할 것이다.

– 몸글
1. 의미 있는 시를 쓴 시인들

　필자는 정지용 시인과 청록파 시인들(조지훈, 박목월, 박두진)을 염두에 두고 이 글을 쓴다. 이들에게 영향을 주었고, 특히 박목월 시인을 추천하고 그를 높이 평가하였던 정지용 시인을 무척 좋아한다.
　이 시인들은 순수시(율격에서 자유롭게 쓰는 형식)를 쓰는 근대시와 현대시를 가늠하는 작가들로서 서정적인 시상을 시적 극상에

올려놓았다고 할 수 있다. 이들은 특별히 시적 수사기법과 역설적 화법, 시대가 요청하는 사회적 의식을 개인과 자연에서 도출하여 시다운 시를 썼던 시인들이라고 생각한다.

이 시인들은 모나지 않고 애매하지 않은 은유법(사실 은유법이 잘못 사용되면 시운이 적잖이 떨어진다고 봄)을 잘 사용하여 시(詩)의 맛을 잘 조리(규격적인 글을 쓰는 일)한 사람들이라고 생각한다.

2. 시다운 시의 음악적 고조를 통한 치료 효과

위 시인들의 시를 보면 참으로 아름다운 멜로디를 연상케 한다. 또한 이중적 내지 삼중적인 수사법(독자로 하여금 감탄할 만한 글을 쓰는 기법)이 가미되어 있다. 따라서 굳이 어려운 비유를 쓰지 않고 어려운 단어를 쓰지 않아도 의미적이고 상징적인 시상이 드러나는 것이 특징이다. 만약 어려운 단어를 쓰게 되면 오히려 시적 운율이 감소되어 가슴에 와 닿는 감흥이 부족하다고 본다.

어려운 시는 내용에서 표출하는 문화적 요소를 발견하기 힘들 것이다. 그리고 마음에 치료적 효과를 거두기가 쉽지 않을 것이다. 그러나 수사적인 표현에 주지하는 인간의 삶과 연관되어 역설(paradox)을 가미한다면 멋진 시가 될 것이다.

그런 면에서 정지용 시인의 '향수'는 얼마나 아름다운 시인가. 순수한 우리말과 정감 있는 시각적 이미지(모더니즘이 요청하는 시적 쾌감)가 뛰어나다는 장점이 있다. 우리가 잘 아는 바대로 박인수 교수와 가수 이동원이 불러서 더 감동이 넘치는 시이다.

첫머리부터 '넓은 벌 동쪽 끝으로'가 묘사하는 회화적이며 향토적인 시감이 너무 출중하여 초장부터 심장이 두근거리는 느낌을 받는다. 순수 우리 가락과 우리말로 이렇게 멋진 노래를 불러서 굳이 치료(힐링)를 하려고 하지 않아도 저절로 치유를 받는 치료 문학으로서의 가치가 크다.

'옛 이야기 지즐대는 실개천이 휘돌아 나가고'에서 이 얼마나 감동이 격상되고 흥분이 고조되는 가락인가. 억지로 밀어 넣는 감흥이 아니라 절로 흥겨워지는 느낌이 이루 말할 수 없다. '실개천'이 흐를 때 역동적인 시각과 감각으로 엮어서 의인화를 이룬 느낌이 꼭 옛날이야기를 하고 있는 느낌을 던져준다. 실로 아름다운 동화와 같은 한편의 드라마를 연출한다.

3. 치료약으로서의 시(詩) 문학

시는 음악의 한 분야라고 생각한다. 왜냐하면 시는 정형시나 순수시나 모두 음률을 가지고 있기 때문이다. 즉 정형시를 통해서 옛

가락을 유지했다면 순수시를 통해서는 근대시와 현대시에 영향을 미친 자유시와 서정시로 분류할 수 있을 것이다. 서두에서 이미 필자는 시의 장르에 대해서 논하기도 했거니와 이 부분에서 굳이 시의 장르를 논하고 싶지는 않다. 여기에서는 다만 시가 인간의 내면에 어떠한 치료를 해 줄 수 있느냐에 관해서만 논하고 싶다. 치료라는 것은 궁극적으로 아픈 환자를 아프지 않게 하는 일이다. 그렇다면 과연 시 한 편으로 이런 일이 가능할까?

필자는 시를 통해서 마음에 큰 감동을 받고서 정신적 치유와 함께 육적인 치료까지 받은 이들을 보았다. 그들은 늘 마음을 여유롭게 하고 입맛을 돋우어 삶의 희망을 일구어내는 사람들이다. 시는 문화로서 인간의 내면에서 무엇인가 하고자하는 일들을 일깨워 준다. 그 일은 문명을 일구어내는 것이다. 그리고 그 문명으로써 즐기고 기뻐하는 것이다.

이것은 문화가 '컬투스(경작하다)'와 '컬트(종교 의식)'에서 나왔다는 것을 일깨워 주는 사실이기도 하다. 곧 기쁨을 일구어내는 것이 문화라는 사실을 일깨우는 것이기도 하다. 이것은 또한 혼신을 다해서 한 편의 시를 멋지게 지었을 때는 문학이면서 동시에 문화로 연결된다(뒤에 시(詩) 문학과 시(時) 문화의 상관성에 대해서 설명하겠음)는 것을 입증하는 것이기도 하다. 즉 인간의 내면에 종교적인 기쁨이나 문화적 쾌감을 심어 줄 존재가 된다.

- 나가면서

한 편의 좋은 시는 사람의 내면을 즐겁게 하고 그 즐거움으로 말미암아 정신적 치유와 더불어 육적인 치료까지 이루어낼 수 있다. 이것은 종교적인 의미와 땅을 경작한다는 수고에서 빚어낸 시(詩) 문학과 문화에서 나왔다고 본다. 그것들이 제 역할을 해낼 때, 시는 치료약으로서 건재(健在)한다고 여기기 때문이다.

4. 잠재의식 안에서 모방(imitation)과 창조(creation)의 관계

필자 역시 이제까지의 시론들과 마찬가지로 시는 모방에서 창작이 나온다고 생각한다. 인간의 문화와 문명은 인류 시초부터 끊임없이 발전에 발전을 거듭해 왔다.

그 과정에서 창작은 모방을 바탕으로 이루어져 왔고 차츰차츰 다듬어져 오늘날과 같은 시의 형태를 형성해 왔다고 본다. 그러므로 인류의 문화 문명은 모방에서 나왔다고 해도 과언이 아니라 할 것이다. 시도 마찬가지로 모방의 미학을 통해 시(詩)의 맛과 인생의 의미를 도출할 수 있다고 생각한다.

시를 노래하는 화자가 다른 이의 글에서 얼마든지 동감하며 그와 비슷한 글을 창작할 수 있다는 말이다. 필자도 많은 분들의 글을 읽으면서 그 안에서 지식을 얻고 모방에 모방을 거듭하면서 내 글로 만들었다. 더불어 모방 속에는 자기가 가진 잠재력과 함께 창작 문예로 인출될 때 더 의미 있는 글이 될 것이라고 여긴다. 아래에 짧은 글로 시를 짓기 위한 모방과 창조를 잠재의식과 연관하여 살피고 정리해 보겠다.

사람의 무의식 속에 잠재한 창조는 모방의 뒷모습을 동경한다고 말할 수 있다. 이 말은 곧 모방 속에서 자기만의 독특한 창작을 했을 때의 상황을 말한다. 자기만의 글을 창작한 사람은 그것을 자신의 잠재적 틀에 맞추어 흡수되기를 원할 것이다. 왜냐하면 그것이 곧 자기만의 독특한 예술적인 작업이기 때문이다. 곧 의식 있는 사람은 모방의 참맛을 알고 그것을 잘 사용하는 자이다.

더불어 잠재적 의식까지도 선용할 수 있는 사람은 창작하는 문예가로서 빛을 발할 수 있게 된다. 필자는 모방이 창작에 있어서 좋은 것이라고 본다.

타인의 창작을 자기만의 작품을 만들기 위한 조명으로 삼아서 자신의 창조를 위한 도구로 잘 사용할 수 있어야 한다. 그렇게 하면 자기만의 멋진 작품을 연출해 갈 수 있을 것이며 자기 성취와 함께 기뻐하고 만족하게 될 것이다. 물론 개인이 하나의 작품을 완성하였을 때 그것으로 완전하게 만족하지 못할 수도 있을 것이다.

그렇다할지라도 그것을 발판으로 삼아 새로운 작품에 도전할 때 자기만의 작품에다 또 다른 모방을 얹어 자기의 잠재력을 마음껏 발휘할 수 있을 것이라 본다.모든 사람은 동일하게 자기 안에 독특한 잠재력이 있다고 생각한다. 그 잠재력을 외부로 아름답게 발출할 것인가는 자신의 노력 여하에 있다고 해도 과언이 아닐 것이다. 때로는 천재적 소질을 가진 자들이 노력을 하지 않아도 대단한 작품이 나오는 것을 볼 수 있다.

 그러나 타인은 만족스럽게 여길지라도 정작 그 작품을 만든 창작자 자신만은 그렇지 못할 수도 있을 것이다. 필자가 지금껏 자신의 작품에 충만한 기쁨을 누리는 자를 거의 보지 못했다. 아니 오히려 천재적인 소질을 가진 자들이 오히려 그렇지 못한 사람보다 더 많은 연습과 훈련을 거듭하여 더 나은 작품을 만드는데 여력을 쏟는 것을 많이 보았다. 그들은 노력하는 은연중에 자기 마음속에 있는 거울을 보게 되고, 아름다운 묘사를 통해서 좋은 작품을 만들어내는 것이라 생각한다.

 그 다음으로 필자는 현시대가 요청하는 것은 발상의 전환이라고 생각한다. 그것은 어떤 개인이 시나 여타 다른 분야에서 창작이나 예술 작품을 만들 때 창의적인 생각을 기입하여 멋진 작품을 만들 수 있는 것이다. 이미 지금으로부터 4,500년 전에 이집트에서는 피라미드를 만들었다. 또한 2,500년 전에는 현대 사회가 누구나 인정하는 성인들이 그 시대에 거의 태어난 것을 볼 수 있다.

공자, 맹자, 노자, 탈레스, 피타고라스, 소크라테스, 플라톤, 아리스토텔레스, 알렉산더(소크라테스의 제자) 등을 말할 수 있다. 이 사람들도 자신만의 생각이 있기 전에, 자기에게 부여된 잠재력을 앞선 세대의 사람들로부터 모방을 통해서 멋진 창작을 했던 것이다. 그러한 잠재력을 무한 개발하여 그것을 예술로 승화하였을 때 발상의 전환(paradigm shift)이 이루어진 것이다. 필자는 창조가 사실적(realistic)이시고 논리적(dialectical)이라고 생각한다. 또한 신적인 무한한 능력(omni-potence)을 드러낼 수 있다고 여긴다.

많은 철학가들이 존재의 의미와 예술적 잠재의식을 발견하고 개발하기 위해서는 신적인 능력에 선향을 했다고 전해진다. 이는 영혼의 깃든 예술 작품에다 자신의 가진 잠재의식이 솟구치는 것을 조화롭게 다진 것이라 하겠다.

마지막으로 필자는 시 역시 남을 것을 잘 모방할 때 자기만의 놀라운 역량을 발휘하여 멋진 시를 지을 수 있다고 판단한다. 즉 나도 모르게 발생하는 탁월한 영적 생산이 곧 창작이다. 시를 짓는 일에 있어서 더 신중하고 세밀하게 숙고한다면 일류(一流)의 작품이 나올 수 있을 것이다. 마지막으로 필자가 초기에 정지용 시인의 '향수'를 모방했던 것을 소개하겠다.

- 흙

햇빛에 그을린 빠알간 흙이
돋아나는 새싹을 보며 눈빛으로 인사하네요.
흐트러뜨리고 싶지 않아,
아씨의 고은 머리카락을 한 올 한 올 치장한 듯
이랑마다 소망의 빛줄기가
희망의 노래 따라 걸려 있어요.
그대여, 나의 사랑 길이길이 기억해 주세요.

그대를 바라보는 내 심장엔
내일을 당겨,
다른 희망이 잉태될 거예요.
사랑의 감촉들이 고이고이 피워지고,
내 자란 지고한 생명의 보고여,
당신은 보듬어도 보듬어도 질리지 않을 대지랍니다.
그대여, 나의 사랑 길이길이 기억해 주세요.

삶은 애욕과 끝단으로 치솟을 때
남기는 것은 불행이려니와
당신은 변함없이 멋든 삶 일구어내고 있어요.
난 알아요.
당신은 나의 붉은 전신이니까요.
때를 따라 희망을 엮어가는 새들의 합창이
차오르는 순간의 감촉으로 세상을 품어낼 거예요.
난, 당신에게 그 노래를 들려주고 싶어요.
그대여, 나의 사랑 길이길이 기억해 주세요.

5. 문학예술로서의 시(詩)

– 들어가면서

　시란 한마디로 표현하자면 예술이다. 시인이 창작하는 감각의 테두리에서 시상과 운율, 시적 제재로 구성되어 인간의 생각이 내재되는 실체가 외부로 인출되기 때문이다.
　예술은 사람의 내면에 심겨진 아름다운 생각과 멋든 기쁨을 밖으로 뿜을 수 있다. 이는 시인이 마음에 담고 있던 생산고(a productive warehouse)의 결실이기 때문이다. 그것은 예술이 주는 느낌을 그대로 발설하여 시인의 바람을 담은 작품으로 빚어나게 된다. 이것은 예술로써 가치고 있는 것이고 독자들과 청자들에게 호감을 살 수 있는 것이다.

또한 문학 작품으로 남아 여러 세대에 사람을 즐겁게 해주는 힘이 있다. 한편 그것은 치료의 한 부분으로 작용하기도 한다. 예술의 영역은 그것의 힘으로 말미암아 인간의 삶에 생동감을 주는 삶의 활력소이다.

아래에 간단하게 시가 문학예술로서 재창조(recreation)의 가치와 예술이 주는 시너지(synergy) 효과에 대해서 간략하게 설명하고 마무리 하겠다. 특별히 시인, 사람, 타인, 작가, 자기, 화자라는 말을 필요에 따라 적재적소에 넣어 사용하겠다.

- 몸글
1. 시는 재창조로 엮어가는 문학예술

문학예술 흔히 인간이 말하는 창의적인 개발을 통해서 새로운 영역의 세계를 재창조로 엮어가는 것이다. 여기서 재창조라 함은 그 앞에 어떤 사실을 그대로 덧입혀서 만든다는 의미보다는, 새롭지만 전혀 다른 개체가 아닌 글로써 창출해 낸 문학예술을 말한다.

다른 말로 하면, 자신에게서 타인에게로 갔다가 자신에게 이입(plus)하는 것이라고 할 수 있다. 앞장에서 설명했듯이 어쩌면 재창조가 모방에서 창조로 이어지는 과정과 비슷하다. 하지만 필자는 재창조를 자신에서 나온 것이 타인과 만남을 통해서 다시 자신에게로 돌아오는 과정이라고 여긴다. 이것이 재창조화 될 때 자신 안에서 잘 다듬어진 글과 느낌이라면 다른 이들에게도 그 느낌 그대로 전수할 수 있을 것이다.

또한 시란 사람의 내면에 심겨진 창조적(creative) 발상을 정리하는 것을 말한다. 곧 시인이 느끼는 감정, 좋은 마음이나 슬픈 마음, 우울한 마음이나 애통하는 마음 등을 외부로 끄집어 내어 자기가 맛 본 느낌을 그대로 화폭(켄버스)에 그림을 담듯이 시작(Composition of Poems)을 통해 종이에 남길 수 있다.

이는 글이라는 도구로 인간의 생각을 그림 언어나 기호 도형 등 언어 예술로 승화하여 시감과 음률을 가미한다. 이 때 글의 아름다움과 좋은 것은 자신의 생각에서 발산된 것이다. 그러므로 자기가 느낀 감정을 다른 사람에게 주입하여 그들로 정신적 기쁨을 창출하도록 돕게 된다. 따라서 시의 재창조된 효과를 산출하여 사람과의 좋은 관계를 형성케 할 수 있게 된다.

필자는 이렇게 자신이 생각했던 것들이 타인과 공유하여 재창조를 이루었을 때 진정한 문학예술이라고 판단한다.

2. 시란 시너지 효과를 가지는 문학예술

　시는 위와 같은 것을 토대로 작가가 가진 생각을 글로 잘 다듬어 가야 예술로 승화되는 것이다. 이 때 문장이 형성되기 위한 단어와 문법적 기교는 기본이다.
　물론 시인의 생각한 바가 글로 다 표현되면 좋겠지만 그렇지 못할 때는 비슷한 용어로 사용할 수 있을 것이다. 그러나 시(글)는 생각나는 대로 쓰되 가식이 붙으면 안 된다. 만일 시가 억지로나 가식으로 쓰이게 되면 시인이나 시적 화자의 담고 있는 사상에서 아름다움과 기쁨이 잘려 나가게 될 것이다. 왜냐하면 어떤 예술 작품을 보더라도 그 작가의 혼이 담겨 있기 때문이다. 그러니 시란 작가가 가진 내면의 표현을 자연스레 도출하는 것이 좋다.
　좋은 시는 자신을 보여야 한다. 그렇게 해야만 자신과 상대를 미소 짓게 하는 힘이 된다. 이것은 곧 나도 살고 남도 살리는 종합(시너지) 효과라고 표현해도 무방할 것이다.

- 나가면서

　필자는 시가 하나의 문학예술이라고 말했다. 이 말은 전혀 틀린 말이 아니다. 게다가 필자는 더 붙여서 문학예술로서 그 의미가 주는 재창조와 시너지 효과를 덧붙여 보았다.

위에서 설명했듯이 시인 자신이 가진 사상을 그림이나 글로 표현할 때 창조적인 요소에다 더욱 재창조의 능력을 가미한 것이 좋은 문학예술이라고 할 수 있다.

더불어 시너지 효과를 통해서 시가 주는 예술작품에다 나도 좋고 남도 좋게 느낄 수 있어야 더 가치 있는 문학이다. 아래에 한 편의 시를 통해서 문학예술이 주는 재창조와 시너지 효과에 대한 설명을 마치겠다.

– 마음이 심장에게 들려주는 시

낭만의 아이러니를 머금고
내러티브의 플랏을 친구삼아서
심장의 노스텔지아를 위한
사랑의 아다지오를 그려냅니다.
때로는 심상적 이미지라 하는
글이 부족할지라도
사랑으로 혼을 보듬어 안으면
내면의 영혼이 춤추는 것을 보게 됩니다.

마음은
마음에게 관심을 쏟으며

관심은
모든 것을 용서할 수 있는
사랑의 힘을 만들어 냅니다.
지배적이며 감각적인 이미지를
한껏 심장에 꽂아
솟구쳐 오르는 낭만을
종잡을 수 없을 만큼 뿜어냅니다.

마음은 심장과 친구이기에
예술로 승화시킬 수 있는
작품에 여유와 힘을 쏟아 놓습니다.

재창조를 위해서,
시너지 효과를 위하여,
애들은
마음에서 심장으로 달려가고 있는 중이니까요.

6. 시적 기교(수사적, 역설적, 해학적)

- 들어가면서

시는 어떤 사상이나 사건, 형이상적인 것이나 현상적인 실체적인 것들에 대해서 작가가 느낀 것을 자유로이 외부로 도출하는 작업이다.

　시라는 표현을 쓰는 이런 내용을 함축적으로 읽기에 좋고 운율에 맞도록 따라 노래하는 것이다. 시는 그림을 그려가듯이 쓰는 시가 있으며 시를 위한 시도 있을 수도 있다. 곧 자연스런 시(詩) 문학과 함께 임의적인 학문으로서의 시도 있을 수 있다는 것이다.

　필자는 앞서 좋은 시란 자연스럽게 읊어진 것이라야 한다고 주장하였다. 다만 독자로 하여금 어떠한 생각을 불러일으킬 수 있고 작가와 유사한 마음을 가지고 공감할 수 있는 시를 읊어서 그것이 대중에서 전해줄 수 있다는 전제가 있어야 하겠지만. 이를테면, 독자와 대중에게 전해지는 시의 형태로 수사적, 역설적, 그리고 해학적으로 짓는 시들이 대개는 이런 종류의 것들이다.

　뒷장에서도 몇 번 반복될 수 있지만 우선적으로 아래에 간략하게 설명하고 정리하겠다.

– 몸글

　시는 시대마다 읊어왔던 '시조'가 있으며 이미 중국에는 오래된 '한시'가 있다. 일본에도 정형시가 있으며 세계 각 나라에도 시의 장르와 형태, 구성면에서 다양한 시들이 참으로 많이 있다.

　우리나라는 선조 때부터 가사 문학이 있었다. 가사나 민요, 시조, 물론 한시도 있었다. 시조는 고려 때부터 불렀던 것으로 전해진다. 게다가 율격을 따르지 않으면서도 자유로이 읊을 수 있는 시도 있다. 이런 시들은 외형적인 율격을 갖춘 시들이다.

이는 임의적인 학문으로 판단되며 이런 면들을 포함하여 좋은 시를 지을 수 있다면 그것은 매우 의미 있는 일이라 하겠다.

더불어 시 한편에 수사적 표현이 깃들고 해학적인 면들이 가미된다면 더없이 좋은 시가 나올 수 있을 것이다. 그렇게 될 때 독자로 하여금 시 한편을 읽고 난 뒤에, 그들 마음에 기쁨이 넘쳐 '아하 좋네'라는 생각을 남길 수 있을 것이다. 곧 한 편의 좋은 시는 독자는 하여금 마음을 춤추게 만들 수 있는 것이다.

그렇다면 수사적이고 해학적인 어떻게 표현할까? 사실 시란 표현하고자 하는 원뜻에서 너무 멀리 가버린 표현은 적절치 않다. 원뜻은 즉 원관념은 언제나 중심에 자리하고 그 줄기와 가지들이 견고히 서 있을 때 좋은 시를 지을 수 있는 것이다. 또한 그것이 내포하는 내용이나 주지하는 중심 메시지들이 확연히 드러나지 않는 비유, 즉 은유나 직유 등이 정확해야 한다.

또한 시적 반복도 필요하다. 노래를 위한 시라면 당연히 반복적 후렴구가 포함된다. 하지만 문학으로서의 시는 되도록 반복을 피하고 내용에 따른 수사적 표현(rhetorical expression)을 통해 시다운 형태를 창출해 낸다. 이 때 중요한 것은 절대로 글의 미사여구가 아니다. 물론 이런 기술적인 장치를 '언어의 마술사'인 정지용 시인처럼 사용하는 경우도 있다.

그러나 문학적 틀에서는 어휘보다는 내용이기 때문에 무엇보다 중심 메시지가 정확해야 한다. 그리고 단어 사용이나 문구나 문장 등이 되도록 온전한 문장을 유지하는 것이 옳다. 이렇게 된다면 대구가 형성되는 문장이나 구절별로 또는 문단별로 발생되는 시적 향기가 더 멋들어 질 것이다.

필자가 말하는 수사적 표현은 읽는 사람으로 하여금 '아, 이런 표현도 있네'라고 느끼게 하는 것입니다. 예를 들어 날아가는 새를 보고 '새처럼 나는 사람'이라고 쓸 수 있지만 '새 날듯 내 마음 날아올라'라는 식으로 하면 좋을 것입니다. 또한 '저 산 고개 너머 있는 호랑이가 시집을 가네'도 좋지만 '새악시 시집가는 것처럼 호랑이도 마찬가지이네'라는 식으로 표현할 수 있다.

아주 간단하지만 그 안에는 직접 비유를 사용하여 비유에 대한 표현 방법을 사용하여 문장의 강조나 변화 등을 추구할 수 있다. 또한 이런 강조를 통해 비확장적 언사(역설법 – 이미지나 관념을 수용하여 수사를 초극하는 일) 등을 가미한 시적 기교를 표출할 수 있다.

해학적이라 함은 상대에게 적잖이 언어유희적인 웃음을 안길 수 있어야 한다. 예를 들어 '엉덩이에 된장을 묻혔는지/ 된똥이 묻었는지/ 아른 거리는 것이 꼭 된통 맞은'과 같은 표현으로 정다이 말의 운치를 끌어당기는 기법이 그런 것이다. 이렇게 하여 시인의 마음을 외부로 도출하되 자신의 내면으로 이입한다면 재미있고 멋들어진 시가 될 것이다.

- 나가면서

사실 시적인 표현이란 인간이 지닌 무궁무진한 생각의 창조이기 때문에 어떤 것이 더 옳다고 말하는 것이 조금 무례하기도 하다.

필자는 다만 시가 노래로 엮어지고 조금 나은 시를 지어보자는 의도로 감히 몇 자 긁적여 보았다. 시적 형태나 기교에 있는 시는 분명 시적 규격에 어울리며 정형시의 한 형태라고 부를 수 있다. 물론 시조나 한시에서만 국한 할 수 있겠지만, 필자는 이것을 관용적 표현으로 사용해보았다.

7. 사회적인 영향을 끼치는 시
(참여시, 저항시, 사회적 관념시, 사상시 등)

- 들어가면서

시란 글로 표현한 예술이다. 예술은 인간이 어떤 대상이나 사실을 통해서 그것으로 좋은 것과 여유로움을 만끽하는 것이다. 그것이 또한 남에게도 자신의 그런 마음을 전해주는 일이라고 할 수 있다.

시는 그러한 일의 일종이다. 또한 예술(문화의 일종, 그 어원이 땅을 경작하듯)이라는 말 속에는 타고난 재능을 바탕으로 또는 노력과 헌신과 정성이 깃들어 있다는 것을 의미한다. 그리고 여기에 문화적인 예술성이 가미될 때 비로소 아름다운 결실로 이어진다고 하겠다. 시는 이런 예술을 드러내기에 참 좋은 소재이다.

시란 어떤 사상이나 사실, 현실이나 미래의 소망 등을 엮어서 자유로이 표현하는 것이다. 아래에서 김광섭 '성북동 일번지,' 이육사 '청포도'를 통해 간략하게 살피겠다.

- 몸글

시는 그 내용이나 형태가 천차만별이다. 자유로이 쓰는 시로부터 사상을 드러내지 않고 감추어 비유적으로 사회를 비판하는 참여시가 있다. 또한 개인이 시를 지어서 감상하는 시와 일부러 남에게 보이기 위해서 쓰는 시가 있다. 시의 형식에는 정형시와 자유시가 있다.

자유시는 현대에서 더 많은 주류를 이루고 있는 내재적 운율로 엮어진 시라고 할 수 있다. 또한 시인이 어떤 사상을 축약한 시가 있고 때로는 직접적으로 드러내는 시가 있다. 또한 어떤 생각이나 사상을 은유적으로 표현하거나 풍류로 표현한 시들도 있다. 또한 시를 통해서 시대를 읊어가며 웃음을 선사해주는 해학적 시가 있고, 사상과 시대를 꼬집어 매우 풍자적인 방법으로 비평하는 시도 있다.

  나열하자면 그 분야가 너무 넓어 지면을 다 할애할 수 없을 정도일 것이다. 또한, 그런 자유시에 비해 정형시는 단적으로 꼬집어 이렇다하고 설명하기가 애매한 부분들이 있어 뒷부분에서 좀 더 자세히 설명하고자 한다.

  필자는 이런 장르의 시들을 다 나열하지 않고 사회참여적인 시를 통해서 사회에 영향력을 끼칠 수 있는 시들에 대해서 말하겠다. 예를 들어 이산 김광섭의 1969년 발표한 것으로 알려진 '성북동 비둘기'는 주지시의 일종이다.

  2연과 3연에 '평화의 메시지나 가져다주려는 듯/ 인간을 성자처럼 보고' 표층적인 역설(paradox)로 등재하여 확장된 직유(simile)를 도입하였다. 시인은 정치사회적 알레고리를 도입하여 참여시로 구성하였다. 시적 화자는 이중적인 수사를 도입하여 정치 풍자에서도 지적인 해학(intellectual pleasure)을 전하였다.

  저항시인 이육사 '청포도'를 보면, 시에다 민족혼을 실어 강한 의지에로 도약을 노래했다. 시인은 무던히도 몸부림쳤던 사십 평생을 바라고 기댔던 희망의 노래를 '청포도'라는 시상에 가득 담았다.

정작 본인은 꿈을 이루진 못했지만 후에 독립을 맞이하는 기쁨의 작은 원동력이 되기도 했다. 이렇듯 사회를 향한 원대한 포부를 가지고 희망을 노래한 시들이 적잖이 있다.

- 나가면서

시가 개인의 생각을 공유하고 싶다면 누구나 이해할 수 있는 언어와 감각으로 운율을 실어, 독자로 하여금 '아하 그렇구나'라는 깨달음을 주어야만 할 것이다.

필자는 시가 예술로서 사회적인 영향력을 끼칠 수 있다는 데 동의한다. 특히 일제 강점기나 광복이후, 또는 6.25 전후에 발표되었던 계몽시나 참여시들을 위시한 목적시를 썼던 시인들은 이처럼 시를 통해 부조리한 사회를 고발하고자 했다. 또한 나라 잃은 설움을 저항적인 요소를 담은 글로 표현하여 희망의 나래를 펼칠 수 있도록 도울 수도 있는 것이다. 마지막으로 '사회 참여적'인 시를 쓰기 위한 가장 기초적인 작업을 시로 읊어보겠다.

- 겨레의 혼

고요한 아침의 나라

부서지는 붙박이별의 쪽빛
아름드리 기운 모아
새벽별 떨어지는 소리에
잠결마저 미소 지었어라

백두산 줄기 따라
수천 년을 견뎌온 겨레의 혼이여
인고의 끝을 달아
기어이 생명의 태동을 알리어
고운 빛 주었어라

단아한 옷매무새 만지듯
곱디고운 산등성이에 우뚝 서있는
나무들과 바위들의 자태는
장구한 위엄을 뿜어내어
영혼들을 먹이셨어라

마음과 혼들의 얼나의 빛
우렁찬 기운에 두 손 모아
심원(深苑)을 다듬고 영혼을 노래하니
하늘도 땅도
음감에 따라 더덩실 춤추었어라

억센 바위 뚫은
물방울의 영혼들을 보라
오천년을 지나 온 겨레의 얼이여
닻을 달아 망망한 대해로
펼쳐나갔던 민족의 기개여

어찌해
삐거덕거리는 바퀴살 되었느뇨
혼으로 똘똘 뭉쳤던 한민족이었어라
들쳐라 돋우어라 우뚝 서라
살아 숨 쉬는 민족의 혼아! 얼아!
공의의 닻을 추켜
겨레의 넋을 높이 당기우세

작금은 광풍만나
엎어진 민족의 혼이라
풍비박산 난 민족의 얼이라

마지막 잎새 위에 떨어진 이슬
제 집으로 돌아갈 즈음
마음도 더불어 보태는 겨레를 향한 심애
영혼의 노래 애써 보듬어
오늘을 살았어라

아직은 살고 있어
한반도, 웅장한 바람막이로 우뚝 선
백두산 정기(精氣) 이어받은 백호(白虎)여라

8. 좋은 시를 짓기 위한 조건1

- 들어가면서

  시란 무엇인가에 대한 질문에 적절한 해답을 주거나 설명을 해주고, 시적 욕구를 충족시켜주는 좋은 시들이 많이 있다. 그런데 필자가 생각하는 좋은 시란 어떤 시인가에 대해서 설명하고, 그러한 시를 쓰려면 어떻게 해야 하는 것이 좋은지에 대해 나름대로 간단하게 정리해 보고자 한다.

  좋은 시를 쓰고 읽을 줄 아는 안목을 길러야 하는 이유는, 시를 통해서 인간 내면의 아름다운 잠재력(potential power)을 개발하고 더 여유로운 삶(graceful life)을 누리기 위해서이다.

- 몸글
1. 좋은 시란

  시로 형성된 문학은 각자가 품었던 생각을 글로 옮기는 언어적 표현이다. 즉 어떤 사상이나 사실을 글로 옮기기 전의 한 사람의 내적인 생각의 표출이다. 그 생각은 각양각색의 글로 적히고 옮겨지고 또 읽혀진다. 좋은 생각과 나쁜 생각이 있을 수 있듯이 시도 마찬가지다. 그렇다면 좋은 시란 어떤 것일까?

좋은 시를 접할 때면 "아아! 맞아! 저것이야! 음 좋은데!"라는 탄식을 자아낸다. 그런 좋은 시를 한 번 짓고, 그 시를 독자가 좋아하면 자신의 내면에서도 성취의 만족감이 생성된다. 이로 인해 시인의 내면적인 존재와 가치가 기쁨으로 승화된다.

좋은 시는 무엇보다 그 시가 나타내려는 표현이 잘 되어있어야 한다.

첫째, 시의 내용이 좋아야 한다. 둘째, 물론 시가 주려고 하는 하나의 중심적 생각이 돋아나야 한다. 셋째, 시가 나타내려는 시적 형식에 맞아야 한다. 넷째, 독자로 하여금 시를 읽고 어떠한 깨달음을 주는 것이라야 한다. 다섯째, 시가 표현하려는 뜻이 현실적이어야 한다. 너무 애매하거나 추상적인 것은 시상을 깍아 내는 일이 될 수 있다. 여섯째, 독자가 시를 읽을 때 읽기 쉽고 감상할 때 편해야 한다. 물론 그렇지 않은 차원 높은 시들도 많이 있다(형식을 갖춘 한시, 관념시, 정형시, 시조, 은유적 기법이 특출한 시, 상징시, 저항시 등등).

그렇다고 시 쓰는 것에 대해 '나는 두렵기도 하고 많이 어려워서

못 쓰겠다'라는 생각을 가진다면 이미 자신감이 결여되고 시운이 돋아나지 않을 것이다.

시를 쓰는 것에는 자신감이 배어 있어야 한다. 시를 처음 쓰는 사람일지라도 마음을 순백하게 표출하여 시상에 묻어 있는 생각들을 자연스럽게 외부로 도출할 수 있어야 한다.

처음에는 의성어로 연습해도 좋을 것이다. 의성어는 소리 나는 것을 적어보는 것이다. 예를 들어 동물의 울음소리인 '멍멍,' '음매' 그리고 사람의 웃음소리 '하하하,' '호호호' 등이 있다. 이런 표현들을 시문에다 필요에 따라 가미한다면 좋은 시가 되는데 일조를 할 것이라 생각한다.

예를 들어 보자. "한가로이 노닐고 있는/ 저 양을 보라/ 어찌나 여유로운지/ 매애매에 하는 소리가/ 천사의 소리와/ 다름없을 정도다." 이런 시는 아주 초보적인 시이지만 어딘가 정겨움이 있다.

사실적 묘사를 통해서 산문체적인 자유로운 서정을 담은 전원시의 모습을 드러낼 수 있는 것이다.

여기에 이미저리(imagery, 시적 수사법) 기법을 갖춘다면 "천사의 소리는 어디메서 오는 것인가/ 매애매애 소리 내는 양이 천사의 노래라네/ 한가로이 노니는 저 양은/ 천사와 다름 없다네" 이런 종류는 양과 천사를 대비(직유-처럼, 같이 등)하여 의인(사물과 생물을 사람처럼 만드는 일)화 내지는 은유(뜻이 숨겨져 있는)적 기법이라고 할 수 있다.

양이 천사의 소리를 내는 것인가? 전혀 그렇지 않다. 말도 안 되는 것 같지만 이런 형태로 표현하여서 양의 울음소리를 멋지게 풍유화하고 승화시킬 수 있다면 우리의 내면세계에 즐거움을 안겨다 줄 수 있는 것이다.

하나의 사실, 사건, 사물의 소재를 보고 시로 표현한다는 것은 재주가 있는 자만 할 수 있는 것은 아니다. 시감이나 시상을 잘 엮어서 소재에 대한 시향을 풍기는 일은 누구나 할 수 있다.

특별히 자신이 가슴에 묻어 두었던 생각들을 정리해서 조리 있게 표현한다면 그것이 바로 좋은 시일 것이다. 작가가 품었던 생각의 가슴을 열어젖히고 조심스럽게 표출되어 나올 때 시의 참맛은 더해질 것이다. 만일 조심스럽게 꺼내지 않으면 표현하고 싶은 시상이 날아가 버릴 수 있기 때문에 생각을 규모 있게 모으는 훈련이 필요하다고 할 것이다.

2. 그 '훈련'이란 시 쓰는 방법이기도 하다.
그 방법은 아래와 같다.

첫째, 시를 쓰는 시인의 마음이 여유롭고 안정적이며 품었던 생각이 안에서 다듬어져 있어야 한다. 때로는 슬프거나 괴롭거나 원통하여도 시는 나올 수 있으나 여기서는 어디까지나 편안함과 기쁨을 표출하는 시를 쓰고자 함이기 때문에 앞선 부류들은 생략한다.

둘째, 시인의 마음이 정서적으로 많은 표현을 하려는 것보다는 단순하면서도 자신이 품었던 것을 한 마디로 말할 수 있는 시라야 한다. 즉 시의 소재를 잡고 시상을 떠올려서 주제화하는 일이다.
그 주제가 잘 서 있을 때, 시는 흔들림 없는 규격 있는 글로써 도출될 것이다.

셋째, 주제를 정했으면 시상을 끄집어내어야 한다. 시상은 마음 속 깊은 곳에 있다고 했으니 조심스러우면서도 아끼는 마음으로 품어내야 한다. 시적 소재를 펼쳐나갈 때 심애와 세상의 이치를 잘 요리(글 맛 돋움)하여 운율로 빚어냄이 필요하다.
곧 자신을 사랑하는 마음을 가지고 세상과 동화되는 생각이 글로 나와야 한다. 이 때 조심해야 할 것은 너무 추상적이어서는 안 된다는 것이다. 처음부터 하늘의 별을 따라서 내 맘에 심어 놓겠다는 심보는 욕심이다.

예를 들어 "성근 별들이/ 촘촘하여/ 내 마음이/ 거기에 닿았으면 좋겠다"라는 표현은 괜찮다. 그러나 "별이 떨어지고/ 내가 그 별에 맞아/ 정신 없네"라는 표현은 시상에서 옳지 못한 표현이다.

물론 시를 쓰려다보면, 어느 정도의 이런 관념적이고 상징적인 내용이 포함될 때도 왕왕 있을 수 있다. 그렇지만 너무 자주 사용하거나 전혀 독자가 이해하지 못할 정도의 지나치게 주관적인 표현은 피해야 할 것이다.

넷째, 시는 운율이다.

운율이라 함은 노래를 부르듯이 시를 짓는 것이다. 무턱대고 마구잡이로 쓸 수도 있겠지만, 그렇게 되면 격조 없는 시가 되고 만다. 시의 품격을 갖추려면 음보와 음수를 갖춘 시조는 아닐지라도 어느 정도 규격에 맞는 것이라야 한다.

물론 규격이라는 것이 꼭이 정형시에만 적용되는 것은 아니다. 일반적인 자유시나 서정시에 있어서도 지켜야할 규격들이 있다는 것을 말하려는 것이다. 그리고 이렇게 지어진 시가 노래로 불리워질 수 있다면 참으로 좋은 시라고 할 수 있을 것이다. 물론 내용이 갖추어 있어야 하는 것은 기본이다.

다섯째, 언어적 표현과 기법이다.

시는 언어의 기술로 표현한 풍성함의 예술이다. 따라서 어휘를 많이 알고 있으면 많은 도움이 된다. 그러나 단어가 짧아도 언제든지 얼마든지 좋은 시를 만들 수 있다. 성서에 보면 다윗(David)이라는 인물이 나온다. 다윗은 음악과 언어의 천재이다.

이러한 그의 시들을 보면 매우 간결하고 단조롭다. 그러면서도 그 묘사하는 시운이 두드러지는 멋진 면모를 자랑한다.

예를 들어 성경에 나오는 시편 23편 1절을 보자. "여호와는/ 나의 목자시니/ 내가/ 부족함이 없으리로다." 필자도 다른 시를 조금 읽어 보았지만 이 시처럼 완벽하고 다채롭고 의미 있고 내용 있는 시는 드물다고 생각한다. 이 시는 삼중적인 의미와 수사적 기법이 탁월하고 비유와 은유를 비롯하여 상징적 표출이 특별하다.

간략히 설명하자면 여호와가 나의 목자가 된다는 말은 여호와가 신인데 신이 사람이 된다는 말이다. 그리고 나의 목자가 된다는 의미에서 나는 양이 된다. 이 부분만 보더라도 이중적 의미가 들어 있다. 또한 '부족함이 없다'라는 표현은 그저 단순 부정에 부정이 아니다.

시인은 완벽과 대비하여 부정을 생각했기 때문에 완벽을 향한 상징적인 부정을 통해서 강한 긍정으로 산출해 내는 기법을 도용한 것이다. 게다가 신과 인간과 동물의 관계를 통해서 들추어 내고자 하는 바는 속박된 이 땅의 삶이 아니라 신적에게로의 축적과 이입을 통해서 완전한 삶의 바람을 표출하고 있는 것이다.

여섯째, 시적 문법이 필요하다.
모든 글과 모든 예술이 그러하듯이 어떠한 틀이 있게 마련이다. 그것을 조직적 체계(systematic structure)라고 부른다. 시에도 문법이 있다. 마냥 쓴다고 시가 아니다. 어느 정도 규격을 갖춰야 시로써 모습을 드러내게 된다.
그 문법에는 많이 사용하는 상징과 의태, 비유와 은유, 해학과 풍자, 풍유와 사실, 의성과 의태, 감정이입과 감정억제, 수사와 역설, 도치와 후치, 정문장과 반문장, 등등 수없이 많은 방법이 있다. 여기서는 이것을 다 설명할 수 없다. 간단하게 의태와 의성법만 살피겠다. 그리고 비유법을 살피겠다.
이것만 잘 사용해도 기본적인 문법이 될 수 있다. 일반 글에서는 주어 목적어 서술어 부사 조어 등으로 순서를 매겨서 온전한 문장을 형성하지만 시의 특성상 이것을 무지하지 않으나 축약형으로 생략이 가능하기도 하다.

먼저 의태란 어떤 형태의 모습을 보다 자세하고 뜻있게 표현하는 일이다. 예를 들어 주렁주렁, 방울방울 등과 같은 표현으로 예쁜 열매를 따먹고 싶은 심정을 그려내는 것이다. 또한 울렁울렁

대는 처녀가슴, 살랑살랑 불어오는 봄바람에 등의 비유적인 표현을 사용함으로써 누구나 쉽게 이해하고 동화할 수 있게 나타낼 수 있다.

　때로는 의태어를 사용하여 더 좋은 표현으로 나타낼 수도 있다. 예를 들어 '뉘 책임질소냐/ 넘실넘실 파도치는 모습처럼/ 다가오는/ 그대의 모습이 … /아, 그리워라/ 내 사랑아'라고 읊었다고 하자. 이 때의 '넘실넘실'이 그 좋은 예이다. 의성어는 말 그대로 소리 나는 대로 적어보는 것이다. 예를 들어 '피아노 소리가/ 띵디딩딩, 탕탕/ 퉁투둥 두둥/ 내 안에 들어와 나는 정신을 잃어버릴 정도네' 등으로 쓸 수 있다.

　비유법이란 말 그대로 어떤 시적 소재와 다른 대상을 비교하는 것이다. 예를 들어 "꽃이 예뻐서/ 이 꽃의 향기를 맡으면서/ 사람의 마음이 향기처럼 곱고 싶다" 등으로 표현할 수 있다.

　특별히 자연을 품은 서정시를 쓸 때, 자유로운 색채를 끌어와 시인의 가슴에 담은 것을 다른 대상에 빗대어 한결 멋지게 표현할 수 있는 방법은 얼마든지 있을 것이다. 위에서 설명 했던 다윗의 시편 23편이 좋은 예이다.

- 나가면서

　시는 그 형태가 다양하고 문법적인 요구 사항이 너무 많아 이 지면에 다 담는다는 것은 여간 무리한 일이 아닐 수 없다. 다만 시를 좋아하는 한 사람으로서 시인들의 마음에 담아 그 생각을 여과 없이 빚어낸, 시운이 돋보이는 시를 만들어보자는 의미에서 몇 자 적은 것이다.

이미 많은 시인들께서 정말 좋은 시를 많이 쓰시고 있다. 하지만 이제 막 시를 배우려는 시인 지망생이나 이미 시를 쓰고는 있지만 조금 미숙하다고 생각하는 분들을 위해서 부족하나마 도움이 될까 해서 몇 자 적어 보고자 하는 것이 이 책을 쓰게 된 동기라고 할 수 있다.

시적 구성에 있어서 음률이 가미된 속도감 또한 다른 요소들만큼 중요하다. 노래를 부를 때, 줄어드는 소리의 강약과 음감, 속도감이 중요하듯이 시도 그렇다고 본다. 또 마지막(피날레)은 단초로 우면서도 웅장한 느낌으로 끝내는 것 또한 시적 기법과 너무도 유사하다.

시는 객관적 사실을 주관화하여 만들어 낼 수 있는 묘미가 있는가 하면, 반면에 아주 주관적인 것조차도 대중화하여서 일반 독자들의 동감을 얻어내는 역할을 한다. 이러한 역할을 담당한다면 그 시는 참으로 좋은 시라고 할 수 있다. 그렇다고 좋은 시를 쓰려고 억지로 덤벼서는 안 된다.

태어나서 처음에는 이유식부터 먹기 시작하다가 차차로 밥을 먹게 되는 어린아이처럼 천천히 시작하여 많은 시를 접하다 보면 시인의 내면에 시상이 쌓일 것이다. 그것을 끄집어 글로 옮기면 되는 것이다. 아래에 필자의 '마음이 뇌에게 들려주는 시'를 읊어 보겠다.

- 마음이 뇌에게 들려주는 시

이미지와 리얼의 역학구도에 따라
심연에 춤추는 환상의 리듬에 맞춰
난 오늘도
멜로드라마에 흠뻑 빠져든다.
동선과 정선에 걸려있는
모티프(motif)*를 재료삼아
힘차게 뇌 작용에 밀어 넣는다.
묘사는 무책임한
미각적 난해를 벗어버리고
발라드의 리듬에 맞는
또 하나의 멋진 세계를 창출한다.

뇌가 꾸어주는 아름다운
미토스*를 빌어다가
은유적 기교를 섞어
깍이는 아픔이 있더라도
한편으로 창작의 맛이 있는
철학적 사색으로 옷을 입는다.

마음은 뇌로부터 태어났다지만
상대적으로
펼쳐진 심상과 시적 발상에서
마음이 뇌와 친구이기에
조금도 부끄럼 없이
난 마음이 뇌에게 말하게 한다.
마음은 자연스런 시적 아이러니와 에피소드를
흥분시키기에 신선함을 더한다.

난 오늘도 마음이 말하는 대로
시운과 음운을 알레그로 리듬에 맞춰
뇌가 저어가는 희망의
바다에 마음껏 기대련다.

* 모티프 : 글에서 상황의 변화를 가져오면 동적 그것이 없으면 정적이라고 하는
　　　　　 사상의 한 형태
* 미토스 : 미스테리(형이상학적 철학 용어, 반대어 로고스)

9. 좋은 시를 짓기 위한 조건2
— 글에 의미를 부여하고 자신의 역량 안에서 지은 시

— 들어가면서

좋은 시는 과연 어떤 것일까? 시란 그것을 쓰는 사람마다 자신이 공들여서 표현하고자 하는 것을 글로 써 내려가는 것인데 말이다. 과연 시인은 따로 있는 것인가?

그렇다면 시는 꼭 시인만 시를 지어야 하는 것인가? 먼저 결론부터 보자면 그렇다고 할 수도 있겠지만 필자는 꼭 그렇지만은 않다고 생각한다. 그러나 그럼에도 불구하고 시에는 규격이 있어야 한다고도 생각한다. 아래에 두 가지를 정리하면서 그 이유를 들겠다.

— 몸글

첫째. 시란 이미지를 만들어서 의미를 부여해 글로 표현하는 것이다.

이런 작업은 인삼(수삼)을 흑홍삼(홍삼)으로 만드는 과정과 비슷하다고 볼 수 있다. 즉 수삼에 있는 물기를 없애고 자연적으로 건조한 다음 흑홍삼으로 만든다. 이 때 흑홍삼에 있는 긴세노사이드(사포닌, 배당체) 성분이 홍삼보다 더 많이 함유되어 있다고 하니 참으로 효능 좋은 홍삼을 만들 수 있다.

제조 과정은 설명하지 않겠다. 다만 공들이지 않고 만들 수 있는 홍삼은 절대 없다고 생각하여 비유로 들었다. 그렇다면 시도 마찬가지로 화자의 생각과 글을 통해서 의미 부여를 한 시가 좋은 시라고 할 수 있다.

예를 들어, 국내 정치를 풍자한다고 생각하고 글로 옮겨본다. 이때 막연하게 '정치는 좋으나 정치인들이 나빠요'라고 하는 표현은 일반 시사적 글이다. 이것을 의미 있게 조리하는 것이 시이다.

어떤 이들은 은유법을 마구잡이로 사용할 때 좋은 시라고 생각하기도 한다. 그러나 유명 시인이나 좋은 시들을 보면 전혀 어려운 말을 쓰지 않고 은유법을 한두 군데 사용하면서 명시를 만들어 내는 것을 볼 수 있다.

〈고등어가 물속을 헤엄치다가/
햇빛을 만나니/ ... / ... /
하도 좋아 덩더쿵 춤추다가/
그만 집에 돌아갈 시간을 잊고 말았네/
헐떡이는 숨소리는/
귀가 시간과는 무슨 상관이 있길래/ ...〉

고등어가 물속에서 사는 것이 정치인과 무슨 관계가 있는가? 아무 관계가 없는 것처럼 보인다. 그러나 위 시는 고등어(정치인)가 자기 본연의 자세를 잃어버리고 남들이 좋다고 하는 일광욕(정치)을 하다 그만 죽음에 이르고야 만다는 내용이다.

물론 고등어가 스스로 밖에 나올 수 없을 것이다. 그러나 주위 환경이 그렇게 만들어진다면 고등어도 밖에 나와 햇빛을 볼 수 있게 될 것이다. 그러나 일광욕(선텐)은 고등어와는 전혀 무관한 것이다. 그것은 결국은 고등어를 죽음에 이르게 하기 때문이다.

이렇듯 남들이 좋다고 하여 '좋아 보이는 일'과 '신나는 일'도 자기 분수를 넘어서면 문제가 생기고 그 문제 때문에 죽음에까지 봉착하는 일이 생기게 마련인 것이다.

둘째, 시란 작가의 역량에 허용된 범위 내에서 밀도 있는 통제력을 가지고 시작(Composition of Poems)을 해야만 한다.

시를 짓는 일에 있어서 위와 같이 고등어가 물 밖으로 나와서 죽는 일과 마찬가지라고 살펴보자. 곧 시를 짓는 자가 자신의 역량을 이해하거나 통제하지 못하고 이상한 현상과 멋만 들인다고 해서 시가 될 수는 없다는 것이다.

시는 이상한 말과 어려운 말로 상대방이 이해못하도록 짓는 것이 아니다. 할 수 있는 대로 쉬운 용어를 사용하되 의미 부여가 되는 이미지와 그것이 글로 엮어지는 과정에 있는 것이 글로 지어야 좋은 시라고 할 수 있다. 이 때 시를 짓는 자는 마음의 평정함을 유지해야 하고 객관적인 안목으로 바로 서 있는 자라야 할 것이다.

자기의 역량이란 자신이 표현할 수 있고 글로 옮길 수 있는 범위이기 때문에 통제되지 않는 글은 보기에 민망스러울 수 있다. 예를 들어 문법이나 오타, 띄어쓰기나 어조사 사용 등이 잘못되면 시의 내용마저 허물어지는 경우가 있다.

즉 밀도 있는 통제력으로 시를 잘 지을 수 있도록 무던히 애를 써야 한다. 그렇게 하였을 때 좋은 시를 쓸 수 있을 것이다.

- 나가면서

시란 이미지 즉 모양을 글이라는 도구로 매개체를 사용하여 의미를 부여하여 뜻으로 나타낸 것이다. 우리가 읽었을 때 좋은 글이라고 받아들여지는 글들은 모두 그렇게 쓰여 졌다고 보면 될 것이다. 더구나 시란 더더욱 그렇다고 하겠다.

함축적이며 음운까지 들어있어야 하기 때문이다. 뿐만 아니라 시적 화자의 역량을 넘기지 말고 자연스럽게 써야만 할 것이다. 이 때 기교적 색채를 사용하여 수사법과 역설법, 은유와 심상(imagery) 처리까지 사용한다면 더 좋은 시를 지을 수 있을 것이다. 그러나 너무 애매한 글자나 은유(숨겨진 뜻 비유)를 사용하면 시다운 맛을 덜하게 된다.

특별히 역설법은 '반대되는 말'을 논리 있게 '그렇다'하고 주장해야 하기 때문에 적잖이 어려운 작업이다. 이는 숙달된 기술이 필요하다. 즉 '반전의 미'라고도 하는데, 이는 음악에서는 '변주곡'으로도 이해된다.

역설 표현이 잘못되면 사뭇 엉뚱한 길로 나가기 때문에 시다운 맛이 축소될 수 있다. 하여튼 끊임없이 시를 쓰는 일에 시간을 많이 투자하고, 부단한 노력을 기울인다면 누구든지 좋은 시를 지을 수 있을 것이다.

김춘수 시인의 '꽃'을 감상해보자.

내가 그의 이름을 불러주기 전에는
그는 다만 하나의 몸짓에 지나지 않았다

내가 그의 이름을 불러주었을 때
그는 나에게로 와서 꽃이 되었다

내가 그의 이름을 불러준 것처럼
나의 이 빛깔과 향기에 알맞은
누가 나의 이름을 불러다오

그에게로 가서 나도 그의 꽃이 되고 싶다

우리들은 모두 무엇이 되고 싶다
너는 나에게 나는 너에게
잊혀지지 않는 하나의 눈짓이 되고 싶다

10. 시를 통해 들여다보는 예술 세계

- 들어가면서

　시는 예술이다. 예술은 만드는 자나 접하는 자가 같은 느낌을 공유하는 것이다. 이처럼 시를 통해서 예술적 감각도 익히고 그 안에서 진정한 시(詩) 문화를 경험할 수 있다. 그리고 그렇게 하려면 작가와 독자가 서로 노력해야 할 것이다. 우선적으로 독자는 시를 볼 수 있는 안목을 키워야 한다.
　시를 들여다 볼 수 있는 능력은 어떻게 키우나? 참 어려운 질문이다. 한 편의 시를 감상하고자 할 때에는 그 시를 쓴 작가의 마음을 읽을 수 있어야 한다. 그러나 그 마음을 읽기란 도대체 쉽지가 않다. 그러나 몇 가지의 방법은 있다. 필자는 그 몇 가지를 나열하고 공유해 보기로 한다.

－몸글

첫째, 독자가 시를 쓴 작가를 모방하는 일이다.

아리스토텔레스는 인간 삶에 대한 대상을 실재적으로 바라보는 철학가로서 유명하다. 그가 말하는 바를 잠깐 살펴보자. "어떤 보편자(일반적으로 말하는 그 자체)가 있다. 그 보편자는 본질인데 그 본질은 개체물 속에 있는 실체(ousia)이다." 이것을 쉽게 말해서 나무가 있다고 하자.

이 나무의 생김새 안에 존재하는 '나무라고 부르는 그 이름의 본질'이 바로 실체이다. 이 실체 안에는 질료와 형상으로 구성된다. 이것은 가능태(유동적으로 변할 수 있는 형태)라고 하여 완전히 현실화 된 것은 아니다.

이는 더 높은 단계에 이를 수 있는 현실태(현재 나타나 있는 실체)를 감싸고 있는 모양으로서 '가능태'이다. 다시 말해서 나무는 질료와 형상으로 이루어진 실체라고 할 수 있다. 이것이 목수의 손에 의해서 작품이나 건물이 만들어졌을 때는 나무로 불리지 않고 '예술'이나 '다른 이름으로 불리워질 수 있다'는 것이다. 시도 마찬가지다. 글이 있지만 그 글을 잘 조리(條理)하여 또 다른 형태의 예술로 나타나게 한다. 그것을 읽는 독자는 작가의 마음이 되어서 시를 읽어야 할 것이다.

왜 이렇게 어렵게 설명하는가? 사실은 어려운 것보다 하나의 사실을 '구성'하기 위해서 필요한 단계이기 때문이다. 그것은 '모방(imitation)'이다. 어떤 하나의 사실은 완전할 수 없다. 또한 일반적인 것도 언제든지 변할 수 있는 가능성이 있다.

예술도 마찬가지이다. 음악에서 베토벤은 그가 가장 존경하였던 모차르트를 넘어서려고 애를 썼다. 그리고 그는 드디어 교향곡에서 만큼은 타의 추종을 불허할 정도가 되었다. 사실 베토벤의 음악은 누구나 인정하듯이 그 음악 자체가 거의 다 완벽할 정도로, 그는 그의 음악에 모든 혼을 쏟아 넣었다.

이처럼 시를 짓는 사람도 마찬가지이다. 우선적으로 독자는 작가가 나타내려는 원뜻이 무엇인가를 알아야 한다. 아리스토텔레스는 '예술은 모방'이라고 했다. 모방을 통해서 더 좋은 것들이 얼마든지 나올 수 있다. 위에서 설명했던 보편이 더 확대되어 실체가 현실태가 될 수 있다.

마치 어떤 음악이 더 좋은 음악을 창출할 수 있는 것처럼 말이다. 따라서 시란 혼을 담은 예술이며, 그것을 잘 감상하기 위해서는 그 작가를 모방하는 마음을 가져야 한다.

둘째, 작가는 의미 있는 어휘를 사용하여야만 하고, 독자는 독자대로 자신의 어휘량을 늘려야 한다.

시는 그 의미를 나타내려는 자와 받아들이려는 자의 자세가 중요하다. 실제로 시에는 그 종류가 많고 주제도 다양하다. 뿐만 아니라, 시란 '함축어'이기 때문에 시에 대한 이해력은 독자의 어휘량의 능력과도 관련이 있다.

만약 독자가 어휘량을 제대로 갖추지 못했을 때는 시인의 마음을 이해하기가 쉽지 않다. 따라서 시인은 되도록 읽기 편한 언어와 우리 일상에서 상용(常用)되는 말로 쓰는 것이 좋다. 물론 예외는 얼마든지 있다.

개념시나 한시나 정형시가 어떤 경우에 있어 제한된 사람들에게만 공유되어질 때가 그런 경우라 할 수 있다.

시를 쓰는 자는 단지 쉽고 재미있게 쓰도록 노력해야 하고, 또 그것을 읽는 자는 최소한의 어휘력을 갖추고 작가의 마음을 먼저 이해하려고 애를 써야 해야 한다. 그 다음으로 시가 나타내는 한 자 한 자를 더듬어서 살펴야만 한다. 또한 절이나 구도 마찬가지이다. 그리고 자신이 작가가 되어 그 작가가 말하려는 소리에 귀를 기울여야 한다.

이렇게 했을 때라야 시가 나타내려는 미감에 빠져서 자신의 내면에 즐거움을 던져 주게 될 것이다. 이것은 작가가 쓴 것을 독자가 읽고 작가의 마음에 이입(移入)이 되는 작업이다.

셋째, 작가는 난해한 문장, 또는 은유가 본뜻에서 너무 동떨어지게 해서는 안 된다.

시를 접하다보면 너무 난해한 말로 쓰는 경우가 있다. 예를 들면 하늘에서 바람과 천둥을 몰고 오는 모습이 인생의 세파와 비교하여 시를 짓는다고 하자. '긴 풍랑 속에/ 들이치는 파도가 찢겨지고/ 천둥 때문에 하늘이 떨어져서/ 황톳빛 핏물이 되어'라는 표현을 썼다고 하자.

이 시구는 보기에는 멋지게 보일 수는 있겠지만 무엇을 의미하는지도저히 해석을 하기가 힘들다. 그러면 이 표현을 어떻게 고쳐야 하는가? '성난 파도가 하늘 향해 원통해한다/ 얼마나 힘들면 바닷물이 핏빛으로 변했을까나/ 천둥은 귓가에 맴돌아 정신을 앗아갈 정도구나' 이 시구에서 인생의 모습을 굳이 기입하지 않았지만 자연적 소재를 등재하여 의인화하여 조리(條理)한 모습이다.

인생의 삶이 힘들다는 것을 바다의 풍랑에 빗대어 쓴 것이다. 이처럼 독자를 위해서 작가는 의미 있고 쉬운 말로 써야 한다.

그러나 예외도 있다. 예를 들어 한시(漢詩)를 보면 5자씩 4구절 또는 8구절을 써서 규격을 맞춘다거나 또는 7자씩 4구절이나 8구절을 쓴다. 이렇게 쓰면 알아볼 수 있는 사람은 거의 없을 것이다. 감동도 거의 오지 않는다. 그러나 쉬운 우리말로 쓰는 시조나 현대시, 자유시나 서정시, 전원시 등은 읽기에 편하고 감상하기에도 좋다. 이렇게 해야 쓰는 이와 읽는 이가 하나 되어 예술을 느끼고 문화적 감각을 통해서 기쁨을 맛볼 수 있는 것이다.

– 나가면서

 시를 통해서 하나의 예술을 창출하려면 작가의 혼이 깃들어야 한다는 것은 다 아는 얘기다. 그리고 그 작품을 대하는 독자는 작가의 혼을 엿볼 수 있어야 한다.

 이는 작가가 혼을 쏟아서 낸 산물을 독자나 청자가 대할 때 그들의 마음 자세가 또한 중요하다는 이야기이다. 왜냐하면 작가는 그 작품 하나를 빚어내기 위해 자신을 그 속에 담았기 때문이다. 그렇다면 그 작품을 이해하려는 독자는 어떻게 해야 할까?

 사실은 작품 속에 들어가야 한다. 즉 시상에 잠겨서 그것을 이미지화하여 작가가 말하고 나타내고자 하는 바를 자기만의 세계 속으로 이끌어 와야 한다. 그 때 비로소 독자는 작가와 하나가 되고 참 예술의 의미를 만끽하게 된다. 더불어 독자는 작가의 시를 모방해서 지어보기도 하고 언어적 감각도 키워가야만 한다. 이렇게 되기까지는 시를 쓰는 작가도 쉬운 말로 쓰는 것이 좋을 것이다. 너무 어려우면 서로가 공감이 되지 않기 때문이다.

전정희 시인의 '비가 내리는 날엔'을 감상해보자.

비가 내리는 날
바닷가를 걸어본 적 있는가

발갛게 엎드린 여인의 등짝 같은 모래 위에
역시나 발갛게 벗은 발을 내디디면
발가락 사이사이로 파고드는 모래알들과
연이어 스며드는 빗방울들이 주는 일상의 해빙.
언제든 쏟아버릴 수 있단 하늘의 그 오만함.
더 크게 크게 절정으로 치닫는 바다의 신음.
그리고 마침내 오열하는 바다.

비가 내리는 날 바닷가를 걸으면
통곡하는 여인같은 바다와 만난다
속으로 앓아눕는 바다가 아닌
겉으로 뱉을 줄 아는 하늘의 오만을
닮은 바다와 맞닥뜨리게 된다.
벗어던진 발가락 사이로
젖은 모래 같은 일상이 힘겹게 **빠져나가면**
스스로를 다스려 다시 잠잠해지는 바다와 만나게 된다

비가 내리는 날엔 저 바다를 닮고 싶다.

11. 시의 장르(Poem Genre)와 시조에 대해서

시는 다음과 같이 크게 세 분야로 구분할 수 있다.
1. 시(詩) 문학의 특질로 볼 때 구성(구도, 형식)으로 보는 조직(structure)적 형태가 있다.
   예: 정형시(시조의 틀을 구성하는 43자, 한시, 기타 44, 45, 77 등 규칙을 맞추는 정형시 등, 신(新) 현대시조는 3,4,5,6 형태로도 쓰인다)
2. 서정시(자유로이 쓸 수 있는 영역에서 시적인 틀에 맞춰 가는 산문체시의 일종)가 있다. 자신 안에 담긴 감성적 이미지를 외부로 도출하여 부르는 노래 형식이다. 시(詩) 문학의 제반 장르가 이 서정시의 형태로 나누어진다.
   예: 감성시, 애가, 연가, 산문시, 자유시, 현대시, 전원시, 등이 있다.
3. 개념시(다른 말로 주의시라고도 함)가 있다.
   어떤 사상을 드러내고 그것으로 교훈적인 것을 전달하려는 취지로 읊어진다.
   예) 산문체적 개념시(칼럼의 일종), 관념을 표현하는 시, 철학적 기반으로 사상을 담은 시가 있다.
4. 주의시(원론적으로 데카르트의 주의주의에서 비롯하였다

고 봄)가 있다.

의지적 요소가 다분히 담겨있는 시라고 볼 수 있다.

예: 저항시, 한탄시, 반향시, 반항시 등이 있다.

5. 서사시(역사적 사실을 토대로 영웅의 일대기나 사건을 중심으로 엮어가는 시(詩) 형태)가 있다.

6. 극시(희극, 창, 연극 등등)가 있다.

7. 민요나 향가 등 우리나라 고유의 가사들이 있다.

위의 일곱 가지 시의 장르가 전부라고는 말을 못한다. 왜냐하면 시대마다 시의 장르를 말하는 사람들의 내용이 비슷하면서도 틀렸기 때문이다.

아리스토텔레스의 규격(서정시, 서사시, 극시)을 많이 따르기는 해도 현대에 들어와서는 그것을 바탕으로 더 많은 분야로 확장되었기 때문이다. 예를 들어 한시에 대해서 살펴보자. 중국의 시선 두보와 시성 이백의 한시에서는 처음에 정형시(한시)로 출발했다. 두보는 정형적 율격에 딱 들어맞는 교과서적 형식을 취했다. 그는 5언 절구의 형태와 각 구마다 음운을 틀에 맞게 멋들어지게 달았다. 그러나 이백은 약간 틀을 벗어난 형태, 물론 5언 절구는 맞추었지만 그 내용에 있어서는 두보와는 차이를 두었다. 즉 코페르니쿠스적인 인물이 이백이었다고 할 수 있다. 이는 철학에서 아리스토텔레스나 칸트의 모습과 비슷하다고 볼 수 있다.

또한 가람 이병기는 기존의 시조를 완전히 자율화시켜버렸다. 즉 초중장의 자수를 무시하고 종장의 5구에 3자만 맞추면 된다고 했다. 이도 역시 시조의 반항적인 현상을 불러왔다고 할 수 있다.

  이로 인해 현대시조는 평시조나 사설시조(종장이 특별히 더 긴 시조) 민조시(3,4,5,6) 등으로 더 확대되었다고 볼 수 있다.

  아래로 필자의 시조를 한 수 예로 들어 보겠다.

  아래 시조는 평시조가 세 개의 연으로 된 것으로 연시조로 분류할 수 있다. 게다가 2연의 종장 부분이 3 · 5 · 4 · 3의 4음보와 음수율에 있어서 기존 정형시조와 약간 차이가 있기 때문에 사설시조로도 분류할 수 있다. 물론 사설시조는 이보다 훨씬 더 길게 짓는다. 전체적으로 시조의 흐름은 율격을 정확히 갖춘 연시조이다.

– 바로 추려 사세나

길섶에 갖추어진 잡초가 무성하니
말없이 관망하는 월영도 알려마는
한겨레, 버텨온 얼은 무슨 말을 하려나

세상이 맛문하니* 이 어찌 웃을 손가
천운에 매료되면 마음까지 새뜻하랴*

꽃잎도, 사람도 이무니* 굴곡진 생은 애닯다

인생은 저무는데 천운*은 그대롤세
뒤늦은 후회라야 한탄해서 무얼 하니
사람아, 흐무러진* 삶은 언제까지 지니랴

* 맛문하다 : 지친 상태로 있다
* 새뜻하다 : 산뜻하다
* 이물다 : 다쳐서 멍이 들다
* 천운 : 자연의 자태
* 흐무러지다 : 잘 익어서 무르녹다

- 단상

  자연은 말없이 제 자리를 지켜가고 있음에도 인간의 욕심은 끝이 없다. 본 시조는 살아가기가 녹록하지 않은 세상에 현상만 붙좇아가며 이기적 삶을 사는 인간을 고발한 내용이다.

  인간은 자연과 더불어 살아간다. 이에 필자는 무너져버린 생태계의 아픔을 노래하였다. 자연이 무너지면 인간도 살 자리가 없다. 결국 꽃의 시듦이 주는 의미도 좋지만 인간이 질서 있고 규격 있는 삶을 통해서 멋든 삶에 대한 자취를 남겼으면 하는 바람이다.

  누구나 조금만 여유를 가지고 뒤를 돌아보면 앞날에 대한 멋진 삶을 마련할 수 있다. 본 시조를 통해서 누구든지 한 번 큰 숨 쉬고 의미 있는 삶을 살기를 바란다.

12. 시적 표현에 대해서

- 들어가면서

시적 표현에 들어가기 전에 시는 노래형식으로 다듬는 것이 좋다. 따라서 음운 이야기를 잠깐하고 시적 표현으로 들어가겠다. 시는 한편의 노래로 구성되어야 한다. 노래에 어울리는 음운과 장단과 박자가 맞아야 한다.

게다가 느리고 빠르게 구성진 음률을 가미한다면 더욱 시의 맛이 돋을 것이다. 원래 음악에 긴장의 미가 있듯이 시에도 긴장을 돋우는 시감이나 표현들이 있다면 더 좋을 것이다. 더욱이 심층적이며 표층적인 역설이 깃들어 있다면 더욱 멋진 시가 될 것이다.

더불어 힘겨운 인생을 살아가는 사람들에게 활력을 불어주는 활기찬 내용으로 시감을 맛보게 한다면 금상첨화일 것이다. 누구나 주어진 하루가 있다. 따라서 하루를 열어가는 아름다운 희망의 시적 찬가를 통해서 멋진 날을 개진할 수 있다면 시는 좋은 문화로써 그 역할을 잘 감당한 것이라고 할 수 있다.

이런 시에는 시적 표현과 관용적 표현 두 개로 크게 나눠볼 수 있다. 다음과 같이 간략하게 살펴본다.

– 몸글

시적 표현과 관용 표현을 살펴본다.

1. 시적 표현

글의 질서를 위해서 시인의 마음에 결정한 이미지와 실체화한 언어가 하나가 되어야 한다. 이렇게 하기 위해서는 이미지에 맞는 단어를 선택해야 하는데 통상적인 단어보다는 시적인 표현으로 들어가는 단어가 더 좋을 것이다. 사실 단어는 무궁무진해서 무엇을 어떻게 골라야 할지 무척 고민이 될 때가 많을 것이다.

이런 때는 너무 고민하지 말고 일상적인 단어를 선택하여 그 의미를 부여할 이미지를 글에다 그려 넣는 것이 좋다. 또 하나, 잊지 말아야 할 것은 관용적인 표현이다. 시는 관용적인 표현을 잘 사용해야 본래 의도했던 시운이 시의 맛을 한결 더할 수 있기 때문이다.

예를 들어서 '장미꽃이 하도 예뻐서 뽀뽀하고 싶다'를 시적 표현으로 옮겨보자. 통상적으로 '뽀뽀하고픈 빠알간 입술이 넘 예쁜 장미'라는 표현으로 쓸 수 있다.

더 리드미컬하게 사용하기 위해서는 '빠알간 너 장미! 내 입술을 훔쳐버린 귀부인이로구나'라는 표현으로 쓸 수 있을 것이다. 또는 '장미, 활력을 심어주는 그대, 그 입술의 주인공은 바로 당신이랍니다.' 이런 표현들을 시적 표현에 맞게 쓸 수 있다.

이 장치는 장미와 사람을 의인화시켜서 비유적 시적 요소로 사용할 수 있게 해줄 수 있다. 이런 규정은 광범위하기 때문에 '어떤 것이 정답'이니 그것으로 맞게 쓰란 법은 없다.

이러한 시적 표현은 시적 수사어(말이 의미 있게 전달)나 역설적 표현(어떤 사실에 반대로 말했지만 그 이유가 타당), 그리고 은유(숨겨져 있는 뜻을 비유로 표출)적 시상으로 다듬는 것이 필요하다.

시라는 것이 매우 쉬운 문학적 표현이기도 하면서 바른 규격대로 찾아들어가 시작(시를 짓는 일)을 하려면 영 어려운 일이다. 그러나 미리서부터 포기하지 않는 것이 매우 중요하다. 처음에는 조금 부족해도 일단 시상을 잡고 시작을 한다면 이미 반 정도는 시를 썼다고 볼 수 있다.

또한 시는 무난한 글로 옮기는 것이 보기에도 감상하기에 도 좋다. 너무 어려운 말로 쓰면 그 뜻을 찾아보아야 하고 문맥을 이해하는 데도 어려움을 겪게 된다.

거기에 시적 표현을 위해 어느 정도의 문법도 갖추어야 한다. 그러나 어느 면에서는 시는 역설적 표현이나 내용을 은유나 비유로 많이 풀이하기 때문에 문법보다는 오히려 내용 위주로 작문하는 것이 더 좋을 수도 있다.

예를 들어 '아버지께서 방에 들어가신다'를 '방에 들어가신 아버지'로 썼다고 하자. 앞선 문장에서는 규격된 문장으로 아버지가 주체가 되신다. 물론 이 문장도 시적 문장이 맞다. 그러나 묘미를 더하기 위해서 아버지께서 '방에 들어가신 동작'을 도치하여 강조하는 시적 표현이 더 맛깔스러울 수도 있다는 것이다.

게다가 은유적 표현을 사용하자면 '방에 들어가신 아버지는/ 땅에 떨어져 녹은 눈송이마냥/ 못내 흔적을 감추시고'를 덧붙였다고 하다. 이는 은유적 표현과 직유법을 차용하여 '아버지가 돌아가셨다'는 의미로 표현한 것이다.

2. 관용 표현

시라는 것은 관용(이해하며 다른 뜻으로 넓게 포용하는 일)적 용법으로 많이 쓰인다. 예를 들어 어떤 국어 표준 문법을 제쳐두고 의성어, 우스갯소리, 때로는 생략이나 도치 등의 방법을 사용함에 있어 어느 정도까지는 문법적 탈격이 허용된다.

언어라는 자체가 생성되고 전개되며 사장되는 것이기 때문이다. 그리고 시도 한 시대에 있어 패러다임이기 때문이다.

곧 익숙한 습관과 행동에 걸맞는 옷과 신발이 좋은 것처럼, 언어도 약속에 따라 편한 것들이 좋은 것이다. 가령 '웰빙'은 영어 표현으로 옳지 못하다. 원래 '빙웰'이 더 옳은 것이다. 그러나 대중들이 많이 사용하고 그 말이 옳다고 전적으로 여긴다면 무리 없이 모두가 '웰빙'이라고 써도 무방한 것과 같은 이치이다.

이러한 표현들은 대중이 자주 사용하다 보면 사전에 등재되게 되고 또 그것이 언어화되는 것이다. 이러한 관용적 표현은 시를 개발하고 계발하는 데 더욱 도움이 될 것이다.

- 나가면서

시를 작성할 때 이런 음운을 무시한다면 산문적인 글로 나올 수밖에 없을 것이다. 물론 산문시와 주지시나 관념시나 서사시에 음운을 보태지 않아도 좋은 시는 얼마든지 있다. 그렇지만 시적 표현을 위해서 시다운 음운을 생각한다면, 통상적으로 일컬어지는 서정시가 가장 잘 다듬어 질 것이다.

그렇다면 시적 표현은 무엇인가? 음운도 중요하지만 시에서 요구하는 문법이나 단어사용도 만만치 않게 중요하다. 또한 강조하려는 도치나 주제적 단어 선택도 참으로 중요하다. 따라서 하나의 단어나 구 또는 문장을 보았을 때 수사적 이미지를 발견할 수 있다면 좋은 시라고 할 수 있을 것이다.

이처럼 시란 음운을 따라서 노래 형식으로 다듬어지는 것이라야 좋은 시라고 할 수 있다. 거기에 수사적 이미지와 역설적 표현과 은유적 기교가 가미되면 더욱 좋을 것이다.
게다가 문법적 기능도 무시할 수 없다. 따라서 주어 목적어 서술어를 기본으로 생각하되 강조하는 도치 등을 잘 선용하여 시적 표현으로 쓰는 것이 좋을 것이다. 마지막으로 한 가지 더 덧붙인다면, 어떤 대상과 그 행위가 관용적으로 또는 직유나 은유적으로 쓰일 때 더 신선한 맛이 더할 것이다.

전정희 시인의 '바람 부는 날'을 감상해보자.

바람 부는 날엔
하늘을 본다.
마알간 하늘이 금새 물 먹은
얼굴로 변하는 것을 본다.

흩어졌던 구름이 모이어
먹빛 섬으로 떠오르고
하늘은 넓은 바다가 된다.
바람은 손 내밀어 나를 태우고
나는 바다를 표류하는 구름이 되고
마침내 비가 되어 내린다.
가을 들녘 네게로.

바람 부는 날엔
가을 들녘을 본다.
갈증난 수풀에 빗방울 듣고
비 맞은 잎새들 노랫소리
저마다 선율을 만들어
가을 소나타로 울려퍼진다.
바람은 몸 굽혀 나를 태우고
나는 수풀을 지휘하는 악장이 되고
마침내 소리가 되어 닿는다
가을 하늘 네게로.

한 편의 시를 어떻게 감상할 것인가는 작가와 독자의 공감대가 형성됨에 달려있다. 독자가 화자의 의도를 간과하면 공유하는 감정이 흐트러지며 엉뚱한 상상을 할 수 있다. 그러나 시인의 마음과 시적 화자가 멋진 표현을 통해서 독자를 사로잡을 수 있을 것이다.

위 시는 그런 시인의 마음과 시적 화자가 풍기려는 심상을 글로써 잘 표현한 것이라고 할 수 있다.

바람과 구름, 비와 수풀 등 자연을 무대에 등장시켜 시인의 연출에 따라 자연들이 연기자가 되어 가을을 껴안는다. 그리고 그 가을은 인간에게 자연의 이치에 따른 태도를 보며, 인간의 삶 속에 '아름다운 열매'와 '푸른 삶'의 테두리를 만들어준다.

13. '시'와 '시(詩) 문학'의 패러다임 관계

– 들어가면서

시는 인간 내면의 이미지를 글로 형상화하여 외부로 표출하는 것이다. 그런데 이것이 예술적인 가치가 있고 사람들의 마음에 감동을 불러일으키게 한다면 시(詩) 문학으로서 가치가 있게 된다. 시와 문학은 불가분관계에 있다. 또한 시대를 따라 형성되는 상황적 형태와 사실적 묘사로 표현되는 문화이기고 하다.

본 장에서는 시(詩) 문학으로서의 시와 패러다임의 관계를 짚고 넘어가려고 한다.

시는 무엇인가에 대해서 수많은 분들이 정의하였다. 모두가 하나같이 특색 있고 문화예술로 승격시킬만한 것들로 시에 대해서 설명했었다.

그런 분들 중 세 사람만 소개하기로 한다. 먼저 패러다임의 정의를 설명하고 아리스토텔레스, 김흥규, 가람 이병기 시인이 말하는 시의 정의를 말하고 필자의 의견으로 마무리하겠다.

-몸글
1. 시와 패러다임

시를 패러다임에 접목시키기란 여간 쉽지 않다. 패러다임은 토마스 쿤에 의해 정의된 '과학 혁명'의 용어이기 때문이다. 물론 그는 철학자로서 언어의 개념인 '으뜸의 모양'이라는 개념을 사용한 것이기도 했다.

다시 말하면 패러다임(paradigm)은 '본보기'라는 용어로 사용되는데 이것은 파라(para, 옆에서)와 다임(digm, 틀)이라는 합성어이다. 이 말의 용례는 무궁무진하다. 물론 필자도 '시'에서 이 말을 사용할 것이다. 그런데 이 말이 추구하는 '어떤 사상의 으뜸'이라는 말을 '시'에서 사용할 때는 그 규칙을 조금 확대시켜 보기로 한다.

패러다임은 생성하고 발전하고 대체하기도 하며 쇠퇴하기도 한다. 쉽게 말하면 고정된 틀이 아니라는 것이다. 그럼에도 '으뜸의 본보기'를 유지하기 위해서 패러다임을 선호하는 것은 당연하면서도 부적당하다. 이 무슨 말인가?

패러다임은 시대를 풍미하는 사조를 따라 움직여지는 일들에 대해서 정의와 사실과 능력을 부여해 줄 수 있다는 측면에서 이중성을 가지고 있는 것이다. 이것을 시에 접목시키자면, 한 시대의 '시'는 패러다임을 따라 쓰여진 그것의 정의와 표현이라고 할 수 있다. 곧 시가 원하는 원칙(음운과 구성)을 따라 다양한 인간의 삶에 영향을 줄 수 있다는 결론이 나온다.

1. 아리스토텔레스 – 본질과 주제의 통일성을 지키되 자유로운 표현은 가능

아리스토텔레스는 플라톤의 제자며 알렉산더의 스승으로서 '형상과 질료'에 대한 인식을 통해 질료 속에 있는 본질적 상태의 최우선이 '선'이란 말로 철학의 획을 그었던 인물이다. 그는 시에 대한 장르를 분류한 사람으로도 유명하다. 그는 시란 무엇인가에 대한 정의에서 다음과 같은 패러다임을 설정했다.

아리스토텔레스는 "시인은 개연적인 것, 즉 '앞으로 일어날 일에 있을 법한 것'에 관심이 많다"고 했다. 예를 들어 시인이 시 속에 역사적 주제를 도입한다고 하자. 그 때 그 주제에 반드시 일관된 통일성을 부여해야 한다. 그러나 그는 "이 통일성을 위해 사건을 다소 과장하거나 부정확하게 처리하는 것도 허용 된다"고 했다.

이 무슨 애매모호한 말인가? 그가 말하는 시란 서사시의 일종을 말한 것인데 '시적 풍성한 표현을 위해서 어떤 사건의 본질적인 것과 주제에 대한 통일성을 지키되 시적인 표현에 있어서는 자유롭다는 것'을 의미한 것이다.

아리스토텔레스는 "시인이 비극적인 시를 짓는다면 그 속에 반드시 플롯을 도입해야 한다. 플롯(구성 – 문장의 구성이 주제와 일치하며 내용에서도 전혀 흐트러짐 없는 수사적 표현)을 구성할 때 사건들이 '에피소드'처럼 산만하게 제시되는 일은 지양해야 한다"고 했다. 곧 사실적 토대로 구성하되 표현에 있어서 자유로운 것이지 아무렇게나 막 다루어서는 안 된다는 말이다. 예를 들어 '하늘에서 별이 떨어져 가슴에 박혀서 죽게 되었다'라는 표현은 시적으로 멋있는 것 같지만 어딘가 질이 떨어진 느낌을 준다.

2. 시인 김흥규 교수 – 인간의 내면과 삶에서 우러나는 시

시인 김흥규 교수의 '한국현대시를 찾아서'에서 시란 무엇인가를 다음과 같이 정의했다. "사람의 마음속에 깃든 생각은 얼마만큼 무르익으면 밖으로 표현되어야 한다.

사람의 말 가운데서도 바로 이처럼 절실한 속마음에서부터 흘러나온 말로 이루어진다. 따라서 절실한 내면적 갈망 없이는 시가 성립되지 못한다." 또 "시는 그 쓸모가 어떤 종류이든 궁극적으로 이러한 삶 전체를 지키며 넓히는 데에 도움이 되기 때문에 소중하다. 한편 시의 언어가 곱고 아름다워야 한다는 고정관념은 옳지 않다. 아름다움은 참다운 생활의 모습이 그 어울리는 자리에 있을 때 우러나는 것이다."

김흥규 교수의 말은 무슨 뜻인가? 매우 간단하다. 사람의 내면에서 우러나오는 순수함이 배어 있을 때 시적 가치가 있으며 미사여구를 동원하지 않아도 '생활 속에서 드러난 것'이면 좋은 시가 될 수 있다는 말이다.

3. 가람 이병기 – 시조의 탈격을 시도한 인물

시조 시인 가람 이병기 선생은 '시란 무엇인가'에 대한 탁월한 필력(筆力)이 있었다. 문학평론가 김재홍 교수의 말을 빌리자면 "가람의 시조는 멋과 풍류의 시다. 틀에 옹색하게 얽매이지 않고 시조다운 시조를 살려 낸 시조 중흥의 조(祖)로 평가되어 왔다.

가람 시조시학에 대한 총체적이면서도 새로운 시각에서의 접근이 필요한 것은 그의 시에서 우러나오는 민족적 의식도 크게 한 몫

하기 때문"이라고 했다.

 가람 이병기는 어떤 규범에 얽매이지 않으려고 일부러 시조의 탈격을 이룬 인물은 아니다. 다만 패러다임이 요청하는 것에 부합된 일을 한 것뿐이다.

 이미 한시에 있어서 시선 이태백이 한시를 탈격(奪格) 한 것처럼 시에 대한 엄청난 반향을 불러 일으킨 것이다. 이처럼 시란 고정된 틀에서 자리하는 것이 아니라 패러다임과 함께 시(詩)의 맛을 향해 더 무르익어 가는 과정에 있는 것이다. 곧 예술 사조의 흐름에 있는 것이다.

– 나가면서

 누구든 시를 좋아하는 사람이라면 자신도 시를 지어보고 싶을 것이다. 어떤 형식과 장르와 표현을 제대로 써야만 되는 것이시라면 아무나 시를 지어서는 안 될 것이다. 왜냐하면 품위가 떨어지기 때문이다. 그러나 필자가 개진하는 '시란 무엇인가'의 의미는 누구나 시를 좋아하며 쓸 수 있다는 데 동의한다는 것이다.

 따라서 시와 시(詩) 문학이 패러다임과의 관계 속에 편향된 억설(臆說)에 휩싸이지 않고 자유로운 시창작(Composition of Poems)을 통해서 시의 묘미를 알아 가게 된다면 좋을 것 같아 몇 자 적어 본 것이다. 아무쪼록 패러다임이 한 시대를 풍미하는 사조의 어미라고 하더라도 아리스토텔레스의 말처럼 본질과 주제의 틀이 정확하다면 구성(plot)에 있어서 자유의 미는 어느 정도 허용될 것이라고 믿는다.

14. 시(詩) 문학과 시(詩) 문화의 차이와 상관성

– 들어가면서

시는 인간만이 창출할 수 있는 특별한 문화적 가치가 있다. 시의 예술적 가치는 인류가 지니는 문화 중에서도 으뜸 되는 문학이라고 볼 수 있다. 문학이라 함은 글로 이루어진 학술적 가치가 있는 것이라야 한다. 또한 글 속에 담고 있는 내용으로 인해 글쓴이와 다른 이에게도 영향력이 있어야 한다.

만일 그렇지 못하고 웅덩이에 고여 있는 물처럼 나타내려는 뜻이 부족하거나 없다면 문학으로서 가치는 추락된다.

그렇다면 시(詩) 문화는 무엇인가? 문화에도 시가 접목되는가? 문화의 어원은 라틴어 '쿨투라(컬트)'에서 나온 것으로 추정된다. '컬트'는 종교의식으로 표현하기도 하고 땅을 경작하는 의미로도 사용된다. '쿨투라'는 그 이전 '컬트'에서 나왔다고도 한다.

만일 종교적 의식에서 나온 것이 문화라고 한다면 그 숭고함은 어떠한 것으로도 대적할 수 없을 것이다. 또한 땅을 경작한다는 의미로 문화를 말한다면, 글에 대한 수고의 대가 역시 하나의 농작물을 생산하고 얻는 것과 마찬가지의 대가가 주어진다는 의미이다.

결국 '쿨투라(컬트)'의 뜻이 무엇이던 간에 둘 다 숭고함과 노력의 의미가 배태된다는 사실이다. 필자의 의도는 시 문학과 시 문화의 특질을 접목하여 더 진보적 결과를 산출할 수 있는 미학적인 시를 창작하자는 것이다. 다음에 이 둘의 관계를 간략하게 살피겠다.

-몸글
1. 시(詩) 문학

하나의 글, 특별히 함축적 언어로 어떤 사상을 표출하여 시로 작품을 빚어냈다면 그 각고의 노력이란 얼마의 아름다운 것인가! 그 영향으로 인해 선한 결과가 도출된다면 그야말로 진정한 문학이라 할 수 있다.

시(詩) 문학의 특질은 하나의 함축적 언어로 사장되는 것이 아닌 생생한 능력으로 빚어나야 한다는 것이다. 시는 작가가 의도하는 대로 붓 가는 대로 자유로이 그려낼 수 있다. 그러나 그것의 진정한 의도를 오해하거나 곡해하여 쉽게 생각한다면 단순한 문장들로 마감될 수 있다.

문학은 작가가 의도하는 사상을 담은 영혼의 노래이다. 따라서 쉽게 빚어낼 수 있는 것이 아니다. 하나의 작품을 빚어내기 위한 혼신의 노력과 영혼의 참여가 없다면 문학으로서 가치는 전혀 없다고 할 것이다.

하나의 작품을 빚어낼 때에는 가슴을 도려내며 피와 땀이 서려 있는 숭고의 정신이 깃들어야만 한다. 시는 문학으로서 무대에 등장할 때 그것의 기치는 넉넉히 채워지고 견고한 문학의 정신을 표출할 수 있게 된다.

2. 시(詩) 문화

문화는 '놀고 즐기는 유희다'라고 표현해도 큰 문제는 없을 것이다. 그러나 위에서 보았듯이 거기에 위엄과 수고의 노력이 깃든 영혼의 가락이 들어간다면 단순한 유희와는 거리가 멀게 될 것이다.

소극적 의미의 문화로 유희가 있다면, 적극적 문화의 깊이란 인간 속에서 참된 생활의 가치와 동반하는 삶이 들어 있다고 하겠다. 곧, 문화는 단순히 보고 느끼는 것을 넘어 참된 삶의 혼과 얼이 배어 있는 인간관계의 삶 그 자체라고 말할 수 있다.

특별히 시(詩) 문화는 매우 특출하여서 시의 곧은 정신과 문화의 바른 의미가 순연히 어우러질 때라야 멋진 문화로서의 모습을 표출할 수 있다. 시(詩) 문화는 시(詩) 문학의 이점을 포함하고 있다고 주장해도 무리가 없을 것이다.

  시 문화는 시적 형태를 포함한 인간적 삶의 규범까지도 포함하고 있기 때문이다. 인간은 이처럼 중요하고 멋진 시 문화를 함부로 대할 수는 없다. 시(詩) 문화적 가치 창출을 위해서는 인간의 근본 자세로 돌아가야만 한다. 그 의미는 선한 본심과 순수한 근본에서 시작하여 후손에까지 유산으로 연계되어야 할 것이다.

– 나가면서

  시(詩) 문학과 시(詩) 문화는 문화에 예속한 문학이라는 의미로 약간의 차이가 있다. 또한 인간 삶에 배어 있는 문화 안에서 숭고한 정신으로 배태하는 문학적 차이가 있다. 그러나 이 둘의 관계는 미미한 정도의 차이는 있을 수 있으나, 그 둘의 공통된 맥락은 인간의 혼이 깃든 예술이라는 데 있다.

  하나의 글, 곧 함축적인 언어인 시를 창작할 때 그것이 지닌 진정한 의미는 인간적 삶과 연관 지었을 때이다. 한 편의 좋은 시를 낼 때 영혼의 숭고함이 깃들고, 각고(刻苦)의 노력이 배어 있을 때 진정한 의미의 시라고 말할 수 있다.

15. 관조(contemplate)와 구조에서의 이항 대립(binary opposition)의 상관성

- 들어가면서

시란 분야는 그 범위가 넓어서 한 번에 표현하기란 매우 힘들다. 다만 좋은 시라는 구분은 반드시 있다. 그 시는 표현과 구조면에서 문학적 가치가 있으며 시를 통한 문화로서의 예술적 기치(symbol)가 있기 때문이다. 아래에서 '관조'와 '이항 대립(이행 대립)'이 무엇인지 알아보고 시를 멋지게 표현해 보았으면 하는 바람이다.

- 몸글

1. 관조(contemplate)

시적 표현에서 '관조(contemplate, meditation)'라는 말은 본래 아리스토텔레스의 철학적 용어에서 기인했다고 본다. 고대 철학자 소크라테스의 현실에서 덕에 대한 개입하는 감정과 사회적 법률에 도를 세워가는 의미에서 출발했다고 여긴다.

더욱이 그의 제자 플라톤은 형이상학적인 이데아와 정치적 관점과 개인의 감정을 자제하는 사물의 객관적 이해에서 진행되었다고 볼 수 있다. 그리고 이것의 완성은 아리스토텔레스의 보편적 실체와 질료의 형태의 상관성과 연관되었다고 본다.

이는 개인의 감정이입을 통한 직관과도 연결된다고 할 수 있다. 더욱이 '관조'라는 말을 대상을 순수하게 바라보는 심정으로만 보지 않고 여기에 예술적 감각을 더하고 실천적 덕목까지 발출하였다고 할 수 있다. 그런 면에서 아리스토텔레스는 사상가이기 전에 시인이라고 말할 수 있다. 그는 늘 객관적 대상을 주관적 감성에 냉철함으로 이입하여 말이나 글로써 표출한 인물이라고 생각한다.

근대에서는 '관조'라는 말을 'intuition'으로 사용하여 예술작품이나 아름다운 현상에 대해 고유한(unique) 미적 감각을 나타낼 때 사용하였다고 전해진다.

특별히 미술작품에서 많이 응용한 것으로 알려진다. 현대에서도 관조는 예술 사조에 따른 많은 영향을 입어 각각의 분야에 사용하였다. 그리고 특별히 시적 표현에서 '관조'는 하나의 시적 패러다임(paradigm - 시대상조에 따른 모범적 현상을 따름)의 구조를 이루었다. 특별히 한국의 시인들에서 볼 때 청록파 시인들이 '관조적 현상'을 많이 다듬은 것으로 알려진다.

필자는 하나의 패러다임이라는 것은 나타났다가 사라지는 것이기 때문에 모든 것을 다 인정하지는 않는다. 그러나 관조는 본래 목적인 '관찰하다'의 의미로, 시적 표현에서는 예술적 감각을 통해

문화로 전개되는 과정에서 나타나는 객관적이고 냉철한 주관적 감각(직관이라고도 할 수 있음)이라고 여긴다.

2. 이항 대립(binary opposition) – 김영랑 '모란이 피기까지는'를 중심으로

시적 구조에서 '이항'이라는 말은 두 개의 단어나 구를 말할 수 있다. 물론 확장하여서는 관용적으로 두 구절까지도 말할 수 있을 것이다. 이 두 개가 대립하여 있는 것이다. 쉽게 말해서 '음양'의 법칙이나 '생사,' '날 것'과 '익힌 것' 등 두 개의 항이 대립하는 것이다. 이것도 역시 철학적 사색에서 유래했으며 근대에 와서는 소쉬르의 언어학이나 언어의 구조를 중시하는 '구조주의'에서 사용되고 완성된 것으로 볼 수 있다.

유래를 보면 고대 철학자 플라톤(platon)이 '보편(universality)'을 가장 낮은 하위 개념으로 분류하면서 시작되었다고 한다. 즉 보편적 존재에 대해서는 실체와 형이상의 내용에 걸려 있어 반드시 이항 대립적 측면에서 실체와 상징의 규모가 바로 서야 했다.

이것이 근대에 걸쳐 오늘날에도 언어학에서 큰 역할을 하고 있다. 특별히 문예 사조의 큰 분야를 차지하는 시(詩) 문학에서도 절대 배제할 수 없는 것이기도 하다.

고대시나 근대시, 현대시에도 늘 그 자리를 크게 차지하였던 이항 대립은 시적 표현이자 구조를 차지하는 역설적 수사법과도 상관이 있기도 하다. 즉 시적 표현과 시적 구성으로 가교 역할을 하는 이항 대립은 시의 중심에 있다고 해도 무리 없을 것으로 보인다.

실례로 김영랑의 '모란이 피기까지는'를 보면 그 의미를 알 수 있다. 김영랑은 '찬란한 슬픔의 봄을'이라는 말로 시적 구조를 이항 대립으로 마무리했다. 그는 초장부터 그것을 설명을 하고 있으며, 개인적인 감정을 순수하게 도출하여 예술적 감각을 이입시켜 수사적인 표현으로 엮어내는 것이다.

'찬란'하지만 '슬픈 봄'을 맞이해야만 하는 순리에 적응해야 하는 당위성을 나타낸다. 그것이 확대되어 좌절에서 희망으로 반드시 결정체로 이루어 내겠다는 의지적 표현이기도 하다.

- 나가면서

시적 표현과 시적 구조에서 상당한 역할을 차지하는 '관조'와 '이항 대립'은 시의 절대적 역할은 아니더라도 필요한 요소에 가미되었을 때 시(詩) 문학으로서 가치가 있다.

'관조'라는 표현으로 시작(Composition of Poem)할 때 보편타당하고 감각적 냉철함이 배어있는 내용이라야 한다. 시로 표현할 대상이나 사건을 잘 관찰하고 명상(meditation)하여 시적 수사(이해될 수 있고 타당한 논리로 글을 개진)로 해야 한다.

게다가 이항 대립을 통해서 역설적 표현을 잘 표현할 수 있도록 구조적으로 잘 다듬어야 한다. 이는 곧 '반전의 미'라고 말할 수 있으며, 이러한 요소들이 들어있을 때 좋은 시라고 말할 수 있다.

16. 시(詩) 문학과 포스트모더니즘의 상관성에 대해

- 들어가면서

포스트모더니즘의 가장 큰 특징은 인식(significant)이다. 그리고 다원주의(pluralism)와 상대주의(relativism)라고 볼 수 있다. 더 쉽게 말하자면 포스트모던이 가지는 인식은 앞선 근대(르네상스 이후) 이후에 가졌던 전통과 형식, 구조를 무시한 것이다.

구조를 강조했던 모더니즘은 계몽적 토대를 바탕으로 인간 삶의 문화적 측면과 그 실용적인 방면에서 사용하였던 전통적 규범을 준수하고자 하였다. 반대로 포스트모더니즘은 이러한 규범적 모더니즘의 탈피라고 할 수 있다. 즉 모더니즘이 구조(structure)라고 한다면 포스트모더니즘은 인지(significant)라고 할 수 있다.

그런 면에서 특별히 현대사회를, 복잡하고 서로의 주장을 인정해주며 중심이 틀에 박히지 않아도 되는 자유로운 탈중심화 시대인 포스트모더니즘이라고 부를 수 있다.

그리고 그러한 상대주의에서 양산한 '비확정성'과 '비확실성'에서 비롯하는 현실에서 시(詩) 문학의 위치는 어디이며, 시의 바른 창작은 어떻게 해야 할 것인가를 간략하게 살펴보기로 하겠다.

- 몸글

이집트 출신 문학비평가 '이합 핫산'은 포스트모더니즘의 특징을 열한 가지로 나열하였다. 그 중에 시(詩) 문학에 접목할 수 있는 세 가지 정도, '풍자(아이러니)'와 '역설(패러독스)'와 '불확실성의 원리'를 살펴보고자 한다.

포스트모더니즘은 특히 낭만주의 시들에서부터 비결정성이 도드라지게 나타난다. 곧 어떤 사람이 이성에 의존하지 않고도 불확실하거나 신비스러운 어떠한 일에 동참하며 살 수 있다는 주장이 바로 그것이다. 그런데 사실 이것은 쉬운 문제는 아니다. 자칫 잘못하면, 다원주의와 상대주의에 엄청난 파급을 불러일으키게 되어 진리가 파괴되는 현상까지 빚어낼 수도 있다.

이를 시(詩) 문학에 접목하여 볼 때 풍자(아이러니)와 역설이라는 말로 대변할 수 있다. 즉 구조주의(형식)를 완전히 무시하고, 되는 대로 마음이 원하는 대로 마구잡이로 예술, 문화를 창작하겠다는 의미이다.

이러한 경향은 현대주의가 양산한 예술 사조나 문학의 구조, 건축, 미술, 음악, 사회, 종교, 경제에까지 영향을 미치고 있으며, 각자의 패턴에서 어떤 패러다임을 형성하고 있다고 할 수 있다.

이런 현실을 시(詩) 문학적인 관점에서 본다면 어떻게 이해해야 하며 어떻게 시를 창작할 것인가가 고민거리가 될 수밖에 없다. 또한 시(詩) 전통을 어떻게 이어가며 문화적 풍류를 어떻게 즐겨야 하는지에 대해서도 자못 의문스러울 정도가 되어 버렸다.

특히나 이렇게 하다 보니 전통적 르네상스 인문학의 구조주의를 외쳤던 소쉬르(현대 언어학의 대전환을 이루어 기호학, 언어학의 중추적 역할을 했던 인물) 이후의 포스트모더니즘은 그야말로 문학에 대해 언어도단(더 이상 할 말이 없음)적인 현상에까지 이르게 되었다. 그것은 언어 자체를 무시하는 것이며 허무주의로 이끄는 단서가 되어버렸다.

이렇게 하여 어떤 이는 '시다운 시는 없다'라고까지 말한다. 이는 소쉬르 이후에 언어의 표현인 말, 글이 이미지로 대변할 수 없고 완전히 설 수 없다는 포스트모던주의자들의 영향 때문이라 여겨진다. 곧 시의 규격이 파괴되고 언어에 대한 궤변이나 허무주의가 한국문단에도 영향을 끼치게 될 수밖에 없었다는 것이다.

따라서 필자는 이런 해괴망측한 궤변을 이끌고 있는 포스트모더니즘에 대하여 한 마디 던지고 싶은 말이 있다. 그것은 바로 주관과 객관의 조화라는 것이다. 즉, 전통을 주관이고 전문적이라 본다면 포스트모더니즘이 만든 것은 이와는 반대로 보아야 한다는 것이다. 이는 곧 규모가 없는 건물에 비유할 수 있다.

이렇게 하여 시(詩) 문학에서도 아이러니가 최고이며, 역설이 깃들어야만 최고인 것으로 착각하는 일이 비일비재한 것이 요즘의 시단의 현실이

되어버렸다. 다시 말하면, 뜻이 없는 시가 난무한다는 것이다. 즉 그저 감정을 불러일으키는 것이 최고인 양 착각 하며 지어진 시들이 적잖게 발표되고 있는 것이다. 그러니 궤변을 좋아하는 자들에게 논란거리를 제공할 수밖에 없던 것이다. 분명한 사실은 시 창작에서는 주관과 객관의 조화가 필요하며 규격과 이상과의 균형과 평행이 요구되어진다는 사실이다.

– 나가면서

필자는 시의 관념에 대해서 '아리스토텔레스적 형상'과 '물질의 본체'를 등재하여 균형에 맞는, 즉 형상의 존재와 질료의 실체와의

사이에 조화가 필요하다고 생각한다. 따라서 포스트모더니즘을 극복하고 좋은 시를 짓기 위해서는 다음의 세 가지는 꼭 지켜져야 한다고 생각한다.

첫째, 시의 3형식인 주제(제재), 심상(운율), 의미(표현)은 매우 기본적 요소이기 때문에 이 틀을 버리면 안 된다.

둘째, 시는 쉬운 우리말로 쓰며, 우선적으로 아무나 읽었을 때 독자의 입장에서 글로서 먼저 이해되어야 한다. 난해한 단어들을 끌어 들여와 사전을 놓고 찾는 시는 좋은 시가 아니다. 좋은 시는 쉬운 우리말로 쓰며 그 말과 내용에 의미적 요소들이 담겨 있는 시라야 한다. 그 시를 두 번 읽었을 때 '아하'라는 탄식 소리가 나면 더욱 좋은 시이다. 이렇게 하여 시의 이중적 의미나 더 깊은 의미가 있을 때 좋은 시라고 할 수 있다.

셋째, 시를 짓는 일에 있어서 겉멋이 들어가서는 안 된다. 가슴에서 우러나는 감정으로 쓰는 시라야 좋은 시이다. 이 때 은유법이나 어려운 단어는 가급적 자제하는 것이 좋다. 은유적 기교는 시의 확장적 기법이나 개념적 주지시에 사용하는 것이 좋다. 통상적으로 서정적이거나 자유시에 깊은 의미를 더하여 표현할 의도로 시를 어렵게 쓰는 것은 오히려 시(詩) 문학으로서 저해 요소가 되기 때문이다. 필자는 개인적으로 좋은 시란 문학적 가치와 문화적 풍류를 우려낼 수 있는 것이라야 한다고 생각한다.

17. 확장적 직유(enlarged simile)와 비확정적 언사(assertorical lightness)[2] – 격조(gorgeous) 있는 시를 짓기 위해서

– 들어가면서

시에도 분명 격(class)이 있다. 그 격을 갖추기 위해서는 시의 구조와 내용, 그리고 의미까지 겸비되어야 할 것이다. 그렇다고 딱히 어떤 시가 정말 최고 좋은 시라고 단정 지을 수는 없을 것이다.

왜냐하면 화자가 내심 드러내고자 하는 바를 독자가 이해하지 못한다면 그 시는 좋은 시라고 하기에는 다소 어려움이 있기 때문이다. 그러므로 좋은 시란 구조와 의미가 겸비한 시라는 것을 인지하고 그렇게 시작Composition of Poems)을 할 때라야만 비로소 격이 있는 시가 나온다고 할 수 있다. 필자는 시적 형식 구조와 논리적인 측면에 있어,

비유로 대변할 수 있는 직유를 들어 확장적인 논리로 살펴보고자 한다. 더불어 어떤 사실에 대해서 역설적인 측면을 강조하는 비확정적 언사를 토대로 두 가지만 살펴보기로 한다. 이 두 가지만 시적 표현으로 사용하더라도 구조나 내용 면에서 여타 다른 시보다 한결 뛰어난 시가 될 것이다.

---

[2] 먼로 C. 비어슬리, 『미학사』, 이성훈, 안원현 옮김, (서울: 이론과 실천, 1999), p. 247. 칸트가 말한 비확정적 언사는 모순을 토대로 하며, 휠라이트에 의하면 배중률의 속박으로부터 벗어난 언어라고 한다. 쉽게 말하면 규범적이지 않으나, 설명할 수 있는 명제를 지향하는 것이다.

-몸글

 먼저 직유를 설명하기 전에 문학적 측면에 있어 확장적 언어(실제는 판소리에서 추임새로 쓰임, 시적 표현에서는 더 넓은 범위의 의미 표현)와 비확정적 언어, 즉 모순의 논리(아리스토텔레스의 논리에서 비롯하여 변증을 토대로 부정적인 것을 보다 확장한 형식 논리)를 살펴보기로 하자. 여기서 확장적이라는 말의 의미는 어떤 존재의 범위를 넓힌다는 뜻으로 사용된다.

 그와는 반대인 비모순의 논리, 풍자(아이러니)와 역설(패러독스) 등 비확정된 언사의 영역으로 구분 할 수 있을 것이다. 그렇다면 직유를 설명하는데 이처럼 복잡해야 하는가 하고 생각할 수도 있을 것이다. 그 이유는 보다 정밀한 작업을 요하기 때문이라 하겠다.

 보다 쉽게 설명해서 '확장적 언어'는 시를 지을 때 보다 깊이 있는 내용으로 가기 위한 구조와 내용의 관용적 표현이라고까지 할 수 있다. 예를 들어 '소리 없는 아우성'이란 표현을 살펴보자. 이 표현은 비유와 은유를 동시에 사용한 모순적 역설이라고 설명할 수 있다.

 이것을 이렇게 복잡하게 설명할 수밖에 없는 것은 위와 같은 확장적인 모순의 논리를 적용하기 때문이다. 그렇다고 억지로 아무렇게나 시의 내용에서 확장적 언어를 사용하면 형편없는 구조와 내용이 되기 때문에 본뜻을 정확히 알고 표출할 수 있어야 한다. 이것이 기술이다.

　게다가 필자가 설명하고자 하는 '확장된 직유(enlarged simile)'란 말 그대로 직유를 확대한 것이다. 이것의 표현법은 시적 기교에 따라 정교함을 요하기도 하며 생략할 수도 있다.

　다만 원관념과 그것을 조력하기 위한 보조관념에서 더 세밀한 주의를 요하며, 시적 효과를 격상시키기 위한 방법으로 이 기교를 사용해야 할 것이다. 쉽게 표현하자면 '그녀는 그녀의 엄마처럼 예쁘다'는 표현을 확장 직유로 사용할 때 '그녀의 아름다움을 어머니에서 볼 수 있다'로 표현될 수 있다. 이 표현은 매우 단순하지만 사실 확장 직유는 쉽지 않다. 절대로 시적 기교가 필요하다.

　다음은 모순적 충돌을 일으키는 비확정적 언사(assertorical lightness)를 살펴보자. 이 수사법은 역설을 넘어선 더 멋진 '역설'과 '풍자'로 엮어진다. 화자가 이런 방법을 사용하여 사회적인 문제를 시사적으로 표현한다고 할 때, 직접적으로 그런 문제에 대한 풍자라는 것을 발설하지 않고도 얼마든지 우회적으로 표현할 수 있다. 곧 시적 제재를 규격에 대한 반작용(reaction formation)으로 이용한 것이다.

　이는 모티프(motif, 주제를 돕는 최소 사건)를 통해 사회나 정치를 '패러디(먼저 있는 작품에 유희나 풍자를 위한 기법)' 하고자 할 때에 잘 사용할 수 있을 것이다. 신비평가 브룩스는 시적 역설(paradox)을 매우 존중한다.

역설보다 더 뛰어난 모순적 충돌을 일으키는 이런 비확정적 언사가 시적 표현에 있어서 잘 사용되면 더욱 고급 시적 표현이 나올 수 있다고 하겠다.

예를 들어 김남주 시인의 '시인은 모름지기'를 읽어볼 때에 이런 현상이 두드러짐을 알 수 있다. 그는 시적 구조와 표현으로 보조관념(vehicle of thought)을 사용하였다. 김남주의 '시인은 모름지기'에서 2연 9-10행에서 묘연하면서도 멋진 '역설'과 '풍자'를 창출해 낸다.

그것이 '비록 도둑놈의 삶일지라도,' '그것이 패배한 전사의 삶일지라도'의 표현이다. 이 표현은 역설을 넘어 시적 심상(imagery, 시적 수사 기법)을 불러일으키는 특별한 표현이다. 곧 도둑과 패배한 전사를 들쑤셔서 권력을 비꼬며 반대로 '인간은 도둑처럼 살아서는 안 된다'는 교훈까지 그 의미 속에 남기고 있기 때문이다.

– 나가면서

한 편의 시를 짓기 위해 '이렇게 복잡다단한 과정을 겪어야만 시가 되냐'라고 생각할 수 있다. 필자는 그렇지 않다고 본다.

다만 자유시와 서정시와 순수시의 범위를 넘어서 주지시, 참여시, 관념시 등 시적인 풍성한 생각의 창고(倉庫)를 쌓아가고 화자의 멋진 생각을 표출(outlet)하기 위해서 불러올 수 있는 기법일 뿐이라고 생각한다. 단지, 이런 기법들을 잘 활용하기 위해서는 각고의 훈련과 더 성숙한 감성이 필요하다고 하겠다.

따라서 확장 직유와 역설, 비확정적 언사는 형식 논리 구조 측면에서 더 변증적이고 수사적인 기교와 모순을 찾아내어 그것이 곧 정합적(옳다고 설명할 수 있어야 함)인 면을 밝혀내는 작업이라 할 수 있겠다.

18. 수사(시적 이미저리 기법)와 비유와 역설을 활용하여 좋은 시를 창출

– 들어가면서

누구나 좋은 시를 읊어가며 '아, 나도 이런 시를 써 봤으면 좋겠다!'라고 생각했을 것이다. 시란 본래 글로 표현한 음운을 가진 '언어적 유희'라고 할 수 있다. 곧 독자가 화자의 생각을 이해하여 기쁘고 즐거운 마음으로 노래를 부르면 되는 것이다. 그러나 언어를 가진 유희라고 해서 무조건 웃기고 재미있다는 것은 시의 진정한 의미를 간과하는 것이다.

그렇다면 '시'는 어떻게 정의할 수 있을까? 시는 어렵게 설명하면 한정 없이 어려울 수 있다. 필자는 세 가지 정도로 간단히 설명하여 누구나 시를 지을 수 있도록 돕고자 한다.

- 몸글

첫째, 시란 시적 수사를 잘 표현하는 일이다.

시는 '이미지,' 즉 '형상'을 그림을 그리듯이 화자의 생각 밖으로 의미를 부여하여 멋지게 도출할 수 있어야 한다.

이 때 이 수사(말과 글을 논리적으로 멋지게 표현하여 누구나 이해할 수 있도록 도울 수 있는 기법) 기법, 즉 다른 말로 시적 '심상(imagery)'라고 할 수 있는 이 기법은 처음부터 시작하기에는 다소 어려울 수 있다. 그렇지만 자주 사용하려고 하다보면 아주 요긴하게 쓸 수 있으리라 생각된다.

혹자는 인간은 '생각하는 사람이다'라고 정의했다. 사람은 자신의 마음을 말과 글로 표현하며 산다. 고대에는 말과 글이 없어서 그림을 그리거나 기호나 표식으로 서로의 생각을 전달했다. 그러나 문명이 발달하면서 사람들은 자신이 생각했던 것을 말이나 글로써 표현해 냈다.

　이 때 어떤 사람은 자신이 표현하려는 것을 음운을 넣거나 멋진 말들을 포함해서 상대에게 의미를 전달하고자 했다. 이런 글과 말을 매우 격식 있게 전달하는 것을 논리 있는 조리(條理)법이라고 한다. 언어학자 소쉬르는 '규격에 맞는 언어규칙'을 중시했다. 그러나 현대에는 더 발전된 문화, 더 발달된 문명이 이루어지면서 많은 신조어들이 나타나고 있다.

　그러면서 사람들은 자신의 생각을 보다 의미 있고 재미있게 표현하려는 욕구를 느끼게 되었고, 이는 곧 많은 수사적 기법의 발전으로 연결되었다고 볼 수 있겠다.

　즉 자신이 표현하려는 글에 시적 수사를 조리 있게 사용하여 표현한다면 한결 좋은 시를 지을 수 있다는 것이다.

　예를 들어 '아버지가 방에 들어가신다'라는 문장을 시적으로 표현하자면 '열려진 문틈을 뚫고 방으로 돌진하시는 아버지 …' '아버지께서 들어가시고 싶은 방에는 …' 등이 있을 수 있다. 물론 두말할 것도 없이 '아버지가 방에 들어가신다'라는 문장으로 써도 무방하다. 그러나 좋은 시에는 '이미저리'가 요청되기 때문에 조금은 심도 있게 문장을 쓰는 것이 좋다는 것이다.

둘째, 화자가 표현하려는 글과 외부의 사물이나 사건, 물체나 형상을 비유적으로 표현하는 일이다. 이 때 비유는 의인, 은유, 직유, 비사, 유비 등으로 표현할 수 있다.

비유라는 말은 어렵게 표현하자면 한도 끝도 없을 것이다. 그러나 간단히 표현하자면서 화자가 나타내려는 본 뜻(원관념)에다 다른 형상이나 말 등을 비슷하게 사용하여 시적 운율을 돋우는 일이라고 할 수 있다. 이 때 화자는 자신이 가지고 있는 생각의 보고(warehouse)를 잘 활용하되 자신감을 가지고 표현해야만 한다.

시란 매우 함축적일 뿐만 아니라, 운율을 바탕으로 하고 있기 때문에 시적 단어나 시어에 있어서 자신이 없으면 맹숭맹숭한 물처럼 되고 만다. 앞선 문장에서와 같이 '자신 없는 시적 단어'가 '맛이 없는 물'과 연관되어서 하나의 비유로 표현된 것이 바로 그런 예라 할 것이다.

시를 짓는 화자는 비유나 은유(비유라고 할 수 있는 숨은 뜻을 조리 있게 표현하는 것), 직유(확장적 은유에서는 '처럼'이나 '같이,' '마냥,' '-인 양' 등을 생략)를 사용하여 화자가 설명하려는 것을 다른 말이나 뜻으로 원 뜻을 보충 설명하고자 한다. 여타 의인, 의태, 의성법 등의 사용도 마찬가지이다. 이런 용례들은 얼마든지 좋은 책들을 통해서 스스로 공부할 수 있을 것이다.

셋째, 시적 역설을 잘 활용하는 일이다.

어떤 시인은 시에서 역설을 최고로 여기기도 한다. 물론 틀린 말은 아니지만 정답도 아니라고 본다. 그러나 굳이 역설이나 반전을 사용하여, 시적 묘미를 더할 수 있게 된다면 그 시는 좋은 시라고 할 수 있다는 것이다.

본래 시는 화자가 표현하려는 의미를 보다 심도 있고 면밀하게 전달하고자 하여 반전이나 역설을 생략하는 경우도 많다. 예를 들어 참여시나 실험시, 자유시와 서정시 등이 그 좋은 예이다. 그러나 이러한 시들도 경우에 따라 예외적으로 역설을 많이 가미하기도 한다.

필자는 시적 화자가 정말 멋진 시를 지어보고자 할 때에, 역설을 사용하여 한번 지어보라고 말하고 싶다. 예를 들어 유치환의 깃발에서 '소리 없는 아우성'이 그 좋은 예이다.

화자는 '이룰 수 없는 이상향'에 대해 '몸부림'을 치는 상황을 나타내기 위해 이러한 표현을 한 것이다. 이는 '소리가 없다'와 '시끄럽다'를 동시에 사용한 것이다. 이는 역설적 표현이기도 하지만 앞선 '이상향에 대한 몸부림'이란 표현은 은유법으로 상용한 예이다. 역설이란 본래적 의미를 볼 때 '패러독스(paradox)'라고 하여 옆에 있는 말이나 단어라는 뜻이다.

같이 어울리지 못하면서도 같은 선상에 있는 말이라고 할 수 있다. 즉 '나는 슬퍼요, 그러나 나는 기뻐요'라는 표현처럼 반대되는 상황을 함께 상용하는 것이 역설이다. 그런데 역설은 그 의미가 본래에서 반대되는 것처럼 보이지만 깊이 들어가면 같은 의미를 지니는 묘하고도 멋진 말이 되기도 하다.

- 나가면서

필자는 앞서서 시란 무엇인가를 열일곱 가지로 나누어 써 보았다. 시의 3요소는 기본적으로 이미지 즉 회화(심상), 그리고 음악적 요소인 운율, 그 다음에 의미를 전달하는 주제 등으로 구분하여 말할 수 있다.

필자는 이 세 가지 요소를 더 풀어서 의미전달 방법으로 3가지 수사, 비유, 역설을 간략하게 설명하였다. 물론 앞선 단락에서도 여러 번 설명하여 반복적일 수 있겠으나 시를 잘 지어보려는 분들에게 적은 보탬이 될 수 있을까 해서 몇 자 적어보았다.

19. '시'의 맛과 '행복'에 대해서1

- 들어가면서

시는 어떤 사실이나 진리, 사건이나 태도, 현상이나 미지의 세계에 대해서 사람이 느끼는 감정을 글로 표현한 것이다. 그리고 그 느낌에 대해서 감정을 조절하고 균형 있는 언어를 사용하여 글로 빚어내는 일이다. 이 때 시라는 특성을 이해하여 시인의 자세를 알아야 할 필요가 있다. 그것은 시를 짓는 화자의 마음은 겸손하고 욕심이 없어야 한다는 것이다.

시를 통해 자신의 감정을 드러내기 위한 작업은 자랑도 아니요, 그것으로 인해서 어떤 이익을 보겠다는 심사는 더욱 아닌 것이다. 이미 욕심이 들어간 시는 그것으로 시적 가치는 하향된다. 그렇다면 좋은 시는 어떤 것일까?

그것은 순수문학으로서 가치가 있어야 하며, 시의 맛과 행복을 유발할 수 있는 문화적 소산물이 되어야 한다. 따라서 다음으로 행복이 무엇인지 간략하게 살펴보고 시와 행복의 상관성에 대해서 간략하게 정리하겠다.

– 몸글
1. 행복이란?

고대 철학자 소크라테스는 행복이라는 말을 이성적이며 합리적 논제를 사용하여 설명하였다. 곧 실천적 덕에서 출발하여 도덕적 실행을 과제로 삼고 행복으로 선향하는 것으로 보았던 것이다. 플라톤은 그의 스승 소크라테스보다 한 차원 너머에 있는 사상적 반향을 말했다. 그는 진정한 행복 추구에로의 길에 이데아 사상을 접목시켰다.

이는 곧 실천적 과제와 지·덕·복의 가치에 대해 맑고 투명한 영혼에 깃든 것이라고 여겼기 때문이다. 그런가하면, 그의 제자 아리스토텔레스는 변증법적 원리를 적용하였다. 그는 형이상학적 논리로서 사물과 이성의 실재를 참 윤리와 실천적인 덕목으로 규정하였다. 이들의 궁극적 과제가 진리와 참 행복에의 추구라는 것은 두말 할 나위가 없다.

더불어 정신적인 쾌락 윤리를 찾는 '에피쿠로스'학파나, 절제된 생활 가운데 선을 추구했던 '스토아'적 철학도 본질적으로는 행복에의 길을 찾으려고 했다. 이처럼 이들은 행복 추구함에 있어서, 이성적인 철학을 통해서 참 행복의 길을 찾고자 했다. 한편 이를 나름대로 집대성하고 신앙에의 추구와 접목하여 참 행복을 도출했던 인물이 있다. 그는 어거스틴이다.

어거스틴은 종교에의 우위를 바탕으로 철학적 요소를 접목하여 궁극적인 행복을 도출하고자 하였다. 그것은 곧 신적인 기저에서 발로한 최고 선(summum bonum)을 추적(pursuit)하는 일이었다. 그는 이를 통해서 이성과 비합리적 요소에 담긴 난제를, 종교적 힘과 이성에 맞붙여서 철학적 요소를 가미하여 나타내고자 하였다. 그는 사랑과 은총을 주제로 하여 참된 가치의 행복을 위한 계발은, 그것을 원하는 자에게만 해결의 실마리를 제공한다고 보았다. 즉 신적인 사랑과 인간의 도덕적 덕목의 기치가 바로 설 때, 거기에 참 행복이 자리하게 된다고 본 것이다.

2. 시의 맛과 행복의 연관성

시는 마음에 품었던 생각과 이미지를 외부로 멋들어지게 표현하는 일이다. 위에서 설명한 바와 같이 시적 예술 표현은 겸손과 미덕, 문화로 승화되는 것이다.

필자는 앞선 글에서 시(詩) 문학과 시(詩) 문화에 대해서 피력한 바 있다(시란 무엇인가(no. 13) - 시(詩) 문학과 시(詩) 문화의 차이와 상관성). 시(詩) 문화로써 기쁨과 즐거움을 창출할 수 있다면, 그 자체로 행복을 향한 디딤돌이 될 것이라 생각한다. 그렇다하여,

시가 인생이 추구하는 행복을 위해서만 존재하라는 법은 없다.
 다만 인류의 행복을 위해서 시로써 그 실태가 구성되었고, 그 역할을 잘 해 냈을 때 더욱 의미가 있다는 것이다. 특히 인간의 한계를 뛰어넘는 종교적 의식이나 내용을 담지(擔持)한다면 더할 수 없는 좋은 시가 될 것이다. 더불어 행복이 요구하는 지·덕·복을 알고 세워간다면 더할 나위 없이 좋을 것이다. 그리고 이렇게 될 때 시를 알고 느끼는 참 행복인 '시'의 맛이 그 안에 들어있다 하겠다.

– 나가면서

 그 사람의 사상을 내포하고 있기 때문에 그 어떤 시라도 무시할 수는 없다. 그러나 시라고 일컬어지기 위해서는, 일단 시가 요구하는 구성과 내용과 음운을 갖추어야만 한다. 그리고 시가 인간 내면에 있던 이미지를 외부로 인출하여 공감대를 형성하자는 데 의미가 있다고 본다면, 가급적 쉬운 언어로 쓰는 것이 좋다.
 다만 시적 제재와 의미에 있어 독자의 마음에 기쁨과 즐거움을 심어줄 수 있는 요소가 더불어 깃들어 있어야 한다. 그리하여 인간의 행복에 기여할 수 있다면 더욱 좋은 시로서 기억될 수 있을 것이다. 그러므로 '시'의 맛은 억지로 만들어내는 기술이 아니다.
 그 안에 인간성이 어우러진 여유와 행복이 들어 있어 있는 또 다른 형태의 삶이라고 할 수 있다.

20. 시의 '맛'과 '행복'에 대해서2
– 들어가면서

아리스토텔레스는 비극적인 시를 토대로 하여 시인과 시에 대한 설명을 하였다. 특별히 서사시에 대한 그의 설명은 기묘할 정도로 탁월하다. 그의 말은 고급스럽지만 크게 어렵지 않으면서도 뭇 사람들에게 읽힐 수 있는 언어로 구사하여 '시란 무엇인가'를 설명하였다. 그가 말하는 시란 첫째, 누구나 시인이 될 수 있는 것이 아니라 천부성을 타고 난다는 것이다. 둘째, 명확한 어조와 문맥의 의미를 파악하고 있을 수 있는 일에 대한 추론을 줄거리(뮈토스)화 하여 내용과 조화 있게 연결해야 한다는 것이다.

즉 문장 구성을 표현할 수 있어야 하며 내용이 면밀하게 통일적인 체계로 구성되어야 한다고 하였다. 더불어 '시의 맛'을 낼 수 있는 가장 중요한 요소는 인위적인 시의 요소를 배제하고 독자로 하여금 '행복을 줄 수 있고,' '치료적 효과를 안질 수 있는 어떤 것이라고 역설하였다. 다음으로 그가 말한 것을 간략하게 설명하여 보겠다.

―몸글
1. 시는 '맛을 낸다'라고 하는 말로 인간의 본성적인 성향에서 출발

인간은 재현하는 동물이며 본성적으로 선율과 리듬을 좋아하는 성향을 가지고 있기 때문에 시가 태어나게 되었다.[3] 시에 관한 아리스토텔레스의 담론을 살펴보면 '역사적으로 기술하는 관점'과 '철학적으로 추론하는 관점'이 공존한다는 것을 알게 된다.[4] 아리스토텔레스는 비극에 대해 연민과 두려움을 재현할 수 있는 그런 존재라고 말하였다. 그는 특히 극에 대한 스토리가 아닌, 극 중에 등장하는 특정 인물이 가지는 연민이나 두려움 등을 통해 관객들이 가지고 있는 감정에 대한 카타르시스[5]를 재현할 수 있다고 보았다. 이는 특별히 '맛을 낸 언어'로 리듬과 선율, 그리고 노래가 있는 언어를 뜻한다고 할 수 있다.[6]

아리스토텔레스는 '맛을 낸다'는 말은 '기분 좋은(hèdus)'에서 유래했다고 한다. 이 말은 음악에도 적용되며 요리의 맛을 내는 '양념'을 가리키기도 한다고 했다. 이 '양념'이라는 은유는 사실상 시

---

[3] 아리스토텔레스, 『아리스토텔레스 시학』, 로즐린 뒤퐁록, 장 랄로 서문/주해, 김한식 옮김, (서울: 임프린트 펭귄클래식 코리아, 2010), p. 95.
[4] 아리스토텔레스, 『아리스토텔레스 시학』, p. 112.
[5] 아리스토텔레스, 『아리스토텔레스 시학』, p. 144-45. 비극이라 할지라도 '재현(dia mim□se□s)'에 의해서 이루어진 쾌락은 줄거리의 짜임새 속에 포함되어 있는 반면, 기괴함은 관객을 확실하게 전율케 할 수 있음에도 불구하고 '비극과는 전혀 상관이 없기 때문'이라고 했다. 왜냐하면 그 비극 자체에 정화된 대상들을 관객의 시선에 제공하고 있기 때문이다.
[6] 아리스토텔레스, 『아리스토텔레스 시학』, p. 131.

언어 이론을 내포한다. 이 말은 곧 군더더기도 장식도 없는 벌거벗은 언어가 기본 재료로서 시의 외연적인 기능을 수행한다고 그는 말하고 있다. [7)

2. 행복과 관련한 시와 개연성의 의미

시는 행복이라는 주제로 말할 수 있으며 더불어 행복은 윤리와 불가분의 관계에 있다고 할 수 있다. 윤리학의 주제는 성격(éthos)에 따라 이런저런 성품을 지닌 사람을 말한다. 특별히 자신의 '행위'를 통해 목표(telos)에 도달한 사람이라고도 할 수 있다. 여기서 '행위'라는 말은 활동만이 아니라 '행복'과도 상응하는 말로 대신할 수 있다고 하였다.[8) 아리스토텔레스는 시 창작 측면에서, 이것은 '개연성'과 '있음직한 것'의 두 사이의 상관관계의 필연성을 완화된 한 형태라고 보았기 때문에 이 둘을 다 사용할 수 있다고 보았다. 더불어 인생에 기대하지 않았던 경우의 수를 대비하여, 이 '행위'라는 존재 자체를 인생의 개연적인 틀로 사용하는 것을 배제하지 않았다.[9)

---

7) 아리스토텔레스, 『아리스토텔레스 시학』, p .150-51.
8) 아리스토텔레스, 『아리스토텔레스 시학』, p. 165.
9) 아리스토텔레스, 『아리스토텔레스 시학』, p. 181.

3. 시의 '미'에 대한 내적 의미와 크기의 뜻

아리스토텔레스는 시학은 시의 창작 기술 안에서 문맥과 유리(有利)되어 나타나는 미(美, 'kalon')에 대한 정의를 '모호한 개념'이라고 정의했다. 이 모호성은 둘로 나뉘는데 '배치와 크기'가 바로 그것이라고 한다. '배치'는 '미의 내재적 구성 요소'라고 볼 수 있다. '크기'는 바라보는 사람들과 관련하여 제한을 받고 있는 것으로 보았다.

이는 사물의 크기가 아니라 얼마나 아름다우냐에 달린 것이기에 그의 『형이상학』에서 이것을 '수학적 존재들의 아름다움'에 부여하였다.[10] 특별히 아리스토텔레스는 시란 '실제로 일어난 일이 아니라 개연성과 필연성의 질서에 따라 일어날 수 있는 일'을 이야기해야 한다고 했다. 또한 시인이란 운율을 만들어내는 사람이기보다는 '줄거리를 만들어내는 사람(poiètèn tôn metrôn)'이라고 했다. 이 말은 뮈토스를 만들어내어야만 하는 시인의 위치에 있는 존재라면 독자들에게 설득력 있는 개연성을 만들어 낼 수 있어야 한다는 말로 여겨진다.[11] 그러나 플라톤은 『국가』 3권에서 '감각적인 것인 시'는 도시에서 추방하고 철학자들에게 금해야 한다고 하여 아리스토텔레스와는 전혀 대립적인 견해를 내세웠다.[12]

---

10) 아리스토텔레스, 『아리스토텔레스 시학』, p. 182-83.
11) 아리스토텔레스, 『아리스토텔레스 시학』, p. 209-210.
12) 아리스토텔레스, 『아리스토텔레스 시학』, p. 203.

-나가면서

아리스토텔레스의 시학은 그 구성이 복잡하고 매우 주도면밀하여 책을 이해하기가 쉽지 않다. 물론 시를 아는 사람들이라면 쉽게 이해가 될 수 있는 부분이 많이 있다. 특히, 종합적인 체계로 쓴 시라야 시로 인정해야 한다는 아리스토텔레스의 말에 필자는 동의한다. 더불어 그는 현재에 명확하게 드러나는 진부한 문장이나 감각은 질이 낮은 '시'라고 단정했다.

그렇다면 그가 말하는 시란 어떤 시인가? 그는 비극을 장황하게 설명하면서도 비극이 안겨주는 연민이나 불안, 두려운 실체를 쾌감으로 바꿀 수 있는 환원 장치가 걸려 있는 '시'가 진정한 시라고 했다. 더 설명하자면 현상을 넘어 개연적인 상황을 도출하되, 그것이 아름다움으로 곧 '미'로 승화될 때라야 시로써 값어치가 있다고 보았다. 그 미는 또한 행복과 연관되며 인간다운 삶의 방향을 지시할 수 있다고 보았다.

21. 시와 철학과의 만남(지적 쾌감aesthetical pleasure과 형이상학Metaphysics과의 상관성)

– 들어가면서

시는 엄밀히 말하자면 노래이자 예술이기도 하지만 그 전에 철학이다. 철학 중에서도 보이지 않는 곳을 탐구하며 예술을 추구하는 하나의 예술철학이다.

전혀 엉뚱하게 여길 수 있겠지만 시를 아는 자들은 철학자들이다. 그렇다고 여기에서 다루고자 하는 이야기는 철학이 아니다.

다만 시와 철학이 어떻게 연관되는지에 대해서 짧게 살펴보고 시의 풍요한 세계에 한층 다가가고자 하는 바이다. 특별히 시적 감각이 뛰어났던 아리스토텔레스의 형이상학을 예로 설명하겠다. 그리고 T.S. 엘리엇의 시를 잠깐 소개하고자 한다.

– 몸글

시는 누구나 쓸 수 있지만 시를 시답게 쓰기란 엄청 힘들다고 할 수 있다. 무슨 말인가 하면 시의 내용이 지적으로 쾌감을 불러일으킬 수 있어야 한다는 말이다. 이 때 쾌감이란 어떤 유희나 멋들어진 언어 사용을 말하는 것이 전혀 아니다.

지적 쾌감이란 심도 있는 인식(이성과 관념의 사이를 넘나들 수 있는 개념)이 깃들어야 한다. 다른 말로 표현하면 화자가 나타내고자 하는 바를 지성을 이용하여 논리를 전개하고 그것을 실체화하는 작업을 해야 한다는 것이다.

이는 곧 형이상학이 주는 의미와 상통하는 바가 크다. 곧 형이상학은 단순히 상상속의 그 무엇을 말하는 것이 아니다. 아리스토텔레스가 말한 것처럼 어떤 실체(substansia) 뒤에 있는 그 무엇을 나타낸다고 할 때 그것이 개체적으로 사회적 의미와 질서를 담고 있어야 한다는 뜻이다.

쉬운 말로 하면 형이상학이라는 어떤 개체가 있는데 그것을 보편적으로 명명한다고 하자. 그 때 어떤 개체는 보편성의 안에 실제로 존재하는 것과 이미지, 즉 형상이 서로 조화롭게 구성되어야 한다는 의미이다. 곧 형이상학은 어떤 이미지 자체로 고정된 것이 아닌 어떤 관조적 현상이라고도 할 수 있다.

따라서 시와 철학의 만남은 우연한 것이 아니라 당연히 그 자리에서 동반되어야 할 성격이라 할 수 있다. 게다가 지적 쾌감을 불러일으키는 시들은 단순히 서정시를 넘어선 사회적 현상과 참여, 그리고 지·덕·복이 어우러져 현실과 꿈꾸는 미래가 도덕적으로 세워져 있는 시라 할 것이다. 이는 곧 자연과 논리와 윤리의 만남이라고도 할 수 있다. 이처럼 단 한 편의 시를 짓는데 이토록 장황하고도 어려운 이론을 든 것은 무조건 시를 쓴다고 다 시(詩)가 아니라고 보기 때문이다.

그렇다면 어떤 시가 그런 형이상학 시일까? 사실은 많은 시인들조차도 그러한 시를 읽고도 그것이 형이상학적 시인지 아닌지를 잘 구분하지 못한다. 그것은 시적 제재와 당시의 사회적 현실을 이해하지 못하기 때문이다.

현대시의 정점이라고까지 불리는 엘리엇은 17세기 '사무엘 존슨'이나 '조지 허버트,' 그리고 '누구를 위하여 종을 울리나'의 16세기 시인 '존 던' 등의 영향을 많이 받았다. 그런 T.S. 엘리엇의 시 '황무지'를 예로 들어 보자. 이 시는 매우 난해하여 읽어도 대체 무슨 뜻인지 모르는 사람들이 적잖을 것이라고 본다. 그러나 생의 철학적 내용과 인생의 회한, 그리고 삶의 본질과 인간의 내부에서 일어나는 끊임없는 투쟁을 아는 사람이라면 이 시를 이해하기가 조금 쉬울 것이다. 게다가 사회적 문제를 고발한 풍자, 인간의 연약함에서 애잔, 죽음에 대한 갈등 등 많은 문제와 사건들을 외부로 내밀어 놓고 시를 감상하는 사람들이라면, 조금이나마 희망의 광주리에 주워 담아보려고 그가 안간힘을 쓰는 대목들이 엿볼 수 있을 것이다.

엘리엇의 '황무지' '5부 중에서 1부'의 일부분만 살펴보기로 하자.

- 1부 죽은 자의 매장

사월은 가장 잔인한 달
죽은 땅에서 라일락을 키워내고
추억과 욕정을 뒤섞고
봄비로 잠든 뿌리를 깨운다.
겨울은 오히려 따뜻했다.
망각의 눈으로 대지를 덮고
마른 구근으로 약간의 목숨을 유지했다.
슈타른베르게르 호 너머로 소나기와 함께 갑자기 여름이 왔다.
우리는 회랑에 머물렀다가
햇볕으로 나가 호르가르덴 공원에 가서
커피를 마시며 한 시간이나 이야기 했지.
난 러시아인이 아니예요
리투아니아 출신 순수한 독일인이예요
어릴적 사촌집에 머물렀을 때
사촌이 나를 썰매에 태워 주었는데
나는 겁이 났어요. 사촌이 소리쳤죠.

마리! 마리! 꼭 붙들어. 그리곤 미끄러져 내려갔어요.
산에 선 자유로운 느낌이 들어요
나는 밤에는 대개 책을 읽고 겨울엔 남쪽으로 갑니다…

시는 생각나는 대로 막 쓰는 것도 있지만 이처럼 매우 난해한 시도 있다. 그러나 사실은 이 시는 난해하기만 한 것이 아니라 지적 쾌감을 불러일으키며 문학적인 요소와 예술적 미감까지 곁들인 것이다. 실은 우리나라에도 '고은' 시인이 이런 부류의 시를 잘 쓰신다고 평가를 받고 있다.

– 나가면서

시를 쉽게만 생각하여 난해한 것을 무시하는 경향이 있다. 필자는 앞서서 쉬운 시를 쓰는 시인들을 매우 존중하는 의미로 글을 개진하였다.

이번에는 격상 있는 시를 짓기 위해서는 뼈와 살이 에이는, 그리고 각고의 노력 없이는 좋은 시가 있을 수 없다는 것을 피력하고 있다. 특별히 시와 철학의 만남은 불가분의 관계이지 따로 국밥이 절대 아니라고 본다는 것이 필자의 견해이다. 좋은 시를 쓰는 작가들은 깊은 고뇌와 현실 참여, 그리고 인생의 제반 문제를 놓고 철학을 바탕으로 그런 문제들을 다룬다.

그러므로 우리는 형이상학적 시가 단순히 감상만 하고 끝나는 시가 아니라는 점을 기억해야만 할 것이다. 다시 말하면, 지적 쾌감을 불러일으킬 만한 시는 그만큼 인식과 윤리, 형이상학과 수사적 문학의 깊이가 있어야 한다. 철학을 논하는 것이 시이며 시는 철학의 기초라는 것을 인식하는 자만이 좋은 시를 쓸 수 있다.

22. 아리스토텔레스의 시학을 중심으로 – 비극과 시의 상관성(쾌에 대해서)

– 들어가면서

시는 '아름다운 노래'를 글로 만들어내는 시작과 과정이자 그 결과이다. 따라서 글로 되어 있다고 해서 모두 시가 아니다. 물론 내용이 좋다고 해도 그런 글 모두가 시는 아닌 것이다.

시는 처음부터 끝까지 시적 운율이 있어야 한다. 그래서 필자는 아리스토텔레스의 시학과 세기의 언어 철학자 비트겐슈타인의 시적 견해를 예로 들어 '참다운 시'가 무엇인지 잠깐 살피고자 한다. 특별히 아리스토텔레스의 시적 견해는 비극적인 요소에서 찾을 수 있는데, 이는 매우 심오한 내용이기 때문에 독자들이 오해의 소지(素地)가 있을 수 있다. 다만 그가 말한 '쾌' 즉, '매우 기뻐하는 일'

이 과연 비극에서 발생할 수 있는가를 중점적으로 논할 것이다.

- 몸글

아리스토텔레스는 '사유(思惟)'에 대해 '지(theoria),' '행(praxis),' '제작(製作poiesis)'으로 구분하여 생각하였다. 이 제작 가운데 어떤 것은 대상에 대한 '모방(imitation)' 또한 '재현(reappearance)'으로 나누어 생각하였으며 이 중심에는 운문, 노래, 춤이 있다고 표현하였다.

그는 '시'에 대해서만큼은 그 본질이 다분히 규범적이면서 동시에 기술적이라고 규정지었다.[13] 아리스토텔레스는 '시 예술'을 이해하려면 현존하는 비극의 실제 특징을 기술이나 객관적으로 이해해야 하며, 무엇이 훌륭한 비극을 만드는가에 초점을 두어야 한다고 역설하였다.[14]

특별히 이 '비극'에 관한 견해는 아리스토텔레스만의 참신하고 독특하며 생의 역설(패러독스)이 돋아있음을 볼 수 있다. 곧 그의 '니코마크스의 윤리학'에서 인간의 목적인 선을 규정하는 것과 맥락이 같은 것으로서, 비극이 하나의 '고유한 쾌(oikeia hedonē)'는 여타의 '모방물'들과 함께 공유한 것으로 이해하여야 한다는 입장이었다.

---

13) 먼로 C. 비어슬리, 『미학사』, p. 52.
14) 먼로 C. 비어슬리, 『미학사』, p. 53.

여기에서 참으로 묘한 특징은 어떻게 '연민과 공포에게 비롯되는 쾌'가 존재할 수 있는 것인가에 대해 주목하지 않을 수 없다는 사실이다. 이는 청중의 공포와 연민을 강화시키는 일이기 때문에 주인공은 우리와 닮아야 한다는 그의 발상에서 비롯된 것이라 하겠다. 아리스토텔레스는 "어떤 사물 중에는 그것을 직접 마주대할 때는 고통을 느낄 수 있지만, 그것을 아주 정확하게 재생해 놓았을 때는 오히려 쾌를 느끼게 된다."라고 했다.

이 말을 달리 표현해보면 비극이란 그것이 아무리 고통스럽고 더더구나 연민의 정이 느껴진다 할지라도 인간의 정서인 고통이 그 쾌를 파괴하지 못하는 것은, 고통이야말로 곧 흥미롭고 중요한 모방이기 때문이라고 한 것과 같다.[15]

조금 더 살펴보자. 아리스토텔레스는 가령 어떤 사람을 심히 미워하다가 갑자기 그를 이해하게 되었을 때, 해방을 느끼게 될 것이라고 말하고 있다. 그의 『수사학』에서는 이를 '정상'에로의 '회복'이라고 표현하고 있다.[16] 또한 비극적인 상황에서 오히려 멜로디와 리듬을 즐기게 되는데, 이는 곧 우리가 감각적인 활동이나 시를 낭송하는 데에서 '아름다움'을 느끼는 것처럼, 비극에서도 이와 같은 '사유나 관조'에서 발생하는 가능성으로 보았다.[17] 이처럼 아리스

---

[15] 먼로 C. 비어슬리, p. 57.
[16] 먼로 C. 비어슬리, p. 58.
[17] 먼로 C. 비어슬리, p. 59.

토텔레스는 비극을 진정한 시로 이해할 때 독자적인 방법과 정도로 성취될 것이라 보았다.

    비트겐슈타인은 "우리가 보아야만 알 수 있는 것은, 우리가 말로 대신할 수 없다. 또 언어는 그 언어 속에서, 제 자신을 보여주고 있는 것을 대표할 수 없다. 곧 언어 속에서 제 자신을 표현할 수 없듯이 우리가 언어를 사용하여 표현할 수 없다"고 했다.
  이 말은 모호하며 어려운 말일 수 있지만, 세계 안에 있는 표현들은 내적 속성으로서 대상에 대하여 기호-언어가 그 뜻을 논리적으로 상징할 수 있다고 본 것이다. 그는 철학의 목표가 사고를 논리적으로 명료하게 만드는 것이라고 주장하였다.
  그는 윤리에 대한 명제가 있을 수 없듯이 '미학(시를 포함하는 예술적 산물)'도 여전(如前)한 것으로 보았다. 다만 참으로 가치 있는 것은 세계 바깥에 있어야 한다고 보았다. 그런데 그 바깥에서 세계를 들여다볼 수 있는 것은 신비한 일 뿐이라고 했다. 그가 말하는 모방은 비슷하게 표현하는 것이 아니다. 오히려 더 사실적이고 독창적이며 신비한 것을 표현할 수 있어야 한다는 말이다. 그것이 신의 영역을 말할지라도 말이다.[18]

---

18) 비트겐슈타인, L. 비트겐슈타인, 『논리철학론』, 곽강제 옮김, (파주: 서광사, 2012), pp. 158-60.

– 나가면서

 필자는 자신이 진정으로 시에 대해서 안다고 하는 시인을 한 사람 알고 있다. 시와 철학의 관계를 전혀 모르고 있음에도 말이다. 그런 그가 시에 대해서 진정으로 안다는 말을 필자는 어떻게 이해해야 할 지 모르겠다.
 사실 인류 역사상 모든 거의 모든 철학자들은 미학('시' 등)을 말했다. 단지 플라톤만이 시는 모방에서 나오는 또 다른 모방이라하여 이를 무시하기는 했다. 그러나 진정한 시는 철학적 사색과 함께 언어적 '제작製作poiesis'이 필수이다. 만일 이를 무시한다면 진정한 시라고 말할 수 있을까?

 아리스토텔레스는 비극을 통해서 동류의 아픔과 슬픔을 경험하고 그것의 본질을 깨닫게 되는 일을 '쾌'라고 보았다. 즉 '시'로 말하면 시는 곧 사람의 내면을 '치료하는 약'이라고 볼 수 있다.
 그는 이것을 비극적인 출발선에서 본 것이다. 비트겐슈타인은 인간이 사용하는 언어는 매우 제한적이지만 끊임없는 직관의 연장선과 사유의 저편에서 세계를 품을 수 있다면, 이것이 곧 아름다운 창작물로 대변할 수 있을 것으로 보았다.

23. '시'의 언어적 의미와 '시적 언어 행위'에 대한 이해

- 들어가면서

근래에 시를 쓴다는 사람들이 마구잡이로 시를 쓰는 점에 대해 안타까움을 금하지 못한다. 물론 그들이 순수한 마음으로 시를 쓰고자 하는 모습은 적극적으로 찬성한다. 하지만 억지우격다짐으로 시를 쓰기 위해서 '시'의 진정한 의미를 간과한다면, 시의 본래의 모습을 실추시키고 말 것이다.

따라서 필자는 언어의 의미, 시적 문장과 논리적인 타당성에 대해서 몇 자 적어보고 더 나은 시를 짓는 일에 일조하고자 한다. 비트겐슈타인은 "철학이 우리가 말할 수 있는 것을 명료하게 표현함으로써 말할 수 없는 것을 드러낼 수 있다"고 했다.[19]

- 몸글

비트겐슈타인의 '게임 언어의 발견' 이후 인문학에도 새 바람이 불었다.[20] 비트겐슈타인의 게임 언어란 '모든 게임에는 공통적인

---

[19] L. 비트겐슈타인, 『논리철학론』, p. 87-89. 비트겐슈타인은 "우리가 보아야만 알 수 있는 것은 우리가 말로 대신할 수 없다. 또 언어는 그 언어 속에서 제 자신을 보여주고 있는 것을 대표할 수 없다. 곧 언어 속에서 제 자신을 표현할 수 없듯이 우리가 언어를 사용하여 표현할 수 없다"고 했다. 이 말은 모호하며 어려운 말일 수 있지만, 세계 안에 있는 표현들은 내적 속성으로써 대상에 대하여 기호-언어가 그 뜻을 논리적으로 상징할 수 있다고 본 것이다. 그는 철학의 목표가 사고를 논리적으로 명료하게 만든다고 주장하였다.

[20] L. 비트겐슈타인, 『논리철학론』, p. 46: 비트겐슈타인의 친구이자 저명한 수학자 러셀은 비트겐슈타인의 『논리철학론』 머리말에서 "비트겐슈타인의 세계가 나의 세계라는 사실은 언어의 한계, 즉 오직 내가 이해하는 언어의 한계 속에서 나의 세계의 한계를 알려준다고 하는 말에서 세계의 한계를 명명하였다"고 했다. 이 말은 전기 비트겐슈타인의 사실들의 논리적 그림들이 사고라는 말을 반영하는 뜻이다. 곧 비트겐슈타인은 "어떤 사고가 옳다는 것을 '선천적으로 아는 일'은 그 사고의 진리성을 그 사고 자체로 알아낼 수 있을 경우에만 가능하다"고 했다(L. 비트겐슈타인, 67).

글자로 구성되어 있지만 그 내용은 별개의 것임을 말한다. 즉 '게임'이라고 말할 때 공통적인 특징을 발견할 수 있는 데 그것은 곧 가족에서 서로 대칭적으로 닮은 점에서 말할 수 있는 것이다.[21]

그가 발견한 것은 어떤 것의 공통된 명제를 파악할 때 그 안에 의미적인 지식이 필요하다는 것이다. 비트겐슈타인은 이를 능력이 있는 지식, 익숙한 지식, 그리고 사실적인 지식으로 구분하였다. 쉬운 말로 하면 언어의 지식에는 의미가 있어야 하는데, 그것은 낱말과 문장으로 구성된 것으로서 '무엇을 의미하는가'와 '무엇을 지시하는가'로 구분된다는 사실이다.

비트겐슈타인은 '시(Poet)'는 남의 것을 모방하는 데에서 출발한다고 했다.[22] 그것을 자신의 것으로 만들고 그 시에 개성을 집어 넣어 창조적인 재발견을 한다면 자기만의 '아름다움의 작품'을 창작한 것으로 보아야 한다고 하였다.

물론 이와 같은 이해의 면에서는 아리스토텔레스도 동일하게 말했다. 그렇다면 비트겐슈타인의 '지식의 의미'를 곧, 시란 정서를 무엇인가에 어떻게 접목할 수 있을 것인가로 물을 수 있다. 곧 '시'란 단순히 생각나는 대로 마구잡이식으로 써내는 글이 아니다.

---

21) 댄 오브라이언, 『지식론입문』, 한상기 옮김, (파주: 서광사, 2011), p. 45.
22) L. 비트겐슈타인, 『논리철학론』, p. 158-160. 사실 비트겐슈타인을 따르자면 이 말은 결코 쉽게 이해될 말은 아니다. 그는 윤리에 대한 명제가 있을 수 없듯이 미학도 여전(如前)한 것으로 보았다. 다만 참으로 가치 있는 것은 세계 바깥에 있어야 한다. 그런데 그 바깥에서 세계를 들여다볼 수 있는 것은 신비한 일 뿐이라고 했다. 그가 말하는 모방은 비슷하게 표현하는 것이 아니다. 오히려 더 사실적이고 독창적이며 신비한 것을 표현할 수 있어야 한다는 말이다. 그것이 신의 영역을 말할지라도 말이다.

'시'는 시다운 '규격'이 있어야 한다. 첫째, 음운으로서의 흥겨움이 있어야 한다. 둘째, 시적 아름다움이 있어야 한다.

이 말은 사물이나 사실, 그리고 보이지 않는 형상을 직시할 때 관조적 의미를 부여해야 한다는 말이다. 여기에서 시적 의미를 풀어 놓는 설명이 되어서는 안 된다. 예를 들어서 '철수가 기대하던 맛있는 밥'을 '철수가 맛있는 밥을 좋아해요'라는 식의 설명은 피해야 한다. 셋째, 논리적인 전개가 필요하다. 아리스토텔레스는 그의 책 『시학』에서 '시'는 처음-중간-마지막이 있는 것이라야 바른 작품으로 인정했다.

넷째, 감상하는 이로 하여금 신선(新選)감을 주어야 한다. 곧 독자가 그것을 읽고 나서 아무런 느낌이 없다는 시로써 자격미달이다. 그렇게 되기 위해선 작가가 먼저 신선해야 한다. 공자는 '그릇된 마음이나 질적으로 나쁜 마음으로 시를 써서는 안 된다'고 했다.

'시'에 대해서 혹자는 "무슨 시가 이렇게 어려워!"라고 말한다. 그렇게 말하는 것은 시가 무엇인지 몰라서 하는 소리이다.

사실 시는 매우 어렵다. 왜냐하면 하나의 사상이자 철학이며 예술이기 때문이다. 그 예술적인 사상은 본유적인 재질을 타고 나야 한다. 따라서 시를 긁적인다고 다 시가 아니다. '시'는 논리적인 명확성이 있어야 한다. 위의 비트겐슈타인이 '의미적인 언어'[23)]를 말했다면, 아리스토텔레스와 칸트는 이것을 '논리'와 '선천적 종합적'인 것으로 발전시켰다.

쉽게 말해서 '의미를 가진 어떤 사실'을 '아는 것으로 표현하기 위해서'는 지식, 믿음, 그리고 그것이 타당한가에 대한 판단이 필요하다는 말이다. 여기에 선천적인 경험이 바탕이 되어야 하는데 그 매개(媒介)는 바로 지각(知覺)이다. 이 지각이라는 것은 오성과 함께 이성으로 이해할 수 있는 것이라야 한다. 이는 칸트가 아리스토텔레스의 12범주를 인용하여 자기의 것으로 이해하고 계발하여 종합적인 개념으로 사실화한 것이다. 아래에 아리스토텔레스의 12범주를 간단하게 정리해 보고자 한다.

아리스토텔레스는 그의 논리적 명제를 12범주로 나누어 놓았다. 그 첫째를 '양(量)'으로 표현하였는데 얼마나 많은가, 조금 있는 것은 무엇인가, 그 자체는 무엇인가라는 명제를 집어넣었다. 둘째는 질(質)에 대한 것으로 '-이다,' '아니다,' '무한하다'로 구분하였다. 또한 셋째는 관계(關係)에 대해서 '그것이 바른 말인가?' '그른 말인가,' '아니면 이루어질 것인가?'에 초점을 맞추고 있다. 넷째는 양상(樣相)으로서, '반드시 있어야 하는가?' '아니면 우연인가,' '아

---

23) L. 비트겐슈타인, 「논리철학론」, p. 133-37. 비트겐슈타인은 유아주의라는 말을 사용하여 자신이 사용하고 있는 언어는 자아의 인식 세계이며, 그것은 곧 세계 안에 있는 한계를 드러낼 뿐, 심리학이나 인간의 신체가 아니며, 오히려 형이상학적 주관이라고 했다. 물론 경험도 대상의 실재는 대상들 전체에 의해서 한계가 설정된다고 하였다.

니면 있음직한 것인가?'에 대한 것이며 이들은 모두 12가지 범주로 나뉘어져 있다.

이처럼 '시'라는 것은 칸트가 주장한 선천적 종합명제에 기인한 것으로 파악된다. 그렇다면 '꼭 이렇게 써야 하는가?'라는 의문을 제기할 수 있다. 물론 전혀 그렇다. 왜냐하면 곧 '시'는 직관(直觀)을 넘어 관조(觀照)적 현상까지 다다를 수 있어야 하기 때문이다. 이렇게 할 때 '시다운 시'가 나올 수 있는 것이다.

여기에 시적 언어적 의미는 어떤가? 논리적 틀에 맞춰 의미적이어야 하며, 통사(구문)가 명확해야 한다. 곧 주체와 대상, 술어가 의미 안에 관통되어야 한다는 말이다. 거기에 언어적 행위까지 곁들어야 한다. 즉 말의 구성을 통해서 쓰임새 있는 시로 빚어져야 한다. 예를 들어서 유치환의 '소리 없는 아우성'을 보게 되면 논리적 구성에서 벗어난 듯 묘한 느낌을 준다.

이는 시적 표현에서 가능한 언어행위로써 '소리 없다 + 아우성'이 모순적인 배중률을 나타내고 있다. 쉽게 말해서 말이 안 되는 것처럼 보이지만, 현실에서 이뤄낼 수 있는 경우의 수가 있다는 것이다. 이때 배중(排中)이란 '말로 설명하자면 이것도 저것도 아니지만 둘 중에서 어느 하나는 참이 아닐 수 없다'는 형식으로 이해할 수 있다.

– 나가면서

시를 쓴다고 하는 사람들 중에 시가 철학이 아니라고 억지를 부리는 사람들이 종종 있다. 시는 인문학의 기저로 이해할 수 있는 철학적 사유에서 바탕이 된 것이기 때문에 철학을 논하지 않고 어떻게 시를 이해하겠는가?

칸트가 선험적 종합판단을 내 놓은 후에 그의 사상은 인문학적 발달에 지대한 공헌을 꾀하는 데 일조했다. 그 여파로 논리학의 의미, 통사, 화용도 마찬가지로 영향을 받았다. 게다가 '시적 순수함'과 '논리적 전개를 이루는 시작(Composition Of Poems)'은 필연적인 사물과 사실(형이상학적 인식 포함)에 대한 '의미론적 인식과 개연적인 조화'에서 이룩된 것이다. 따라서 필자는 '시'란 철학을 버리고서는 전혀 시를 운운할 수 없다고 판단한다.

24. 칸트가 말하는 시에 대하여(시와 철학의 만남)

– 들어가면서

필자는 시와 철학과의 만남이라는 주제로 여러 글을 써 보았다. 실제로 시인이라 할지라도 "시와 철학이 무슨 만남이 있어"라고 묻는 분들이 더러 있다.

   사실은 관련이 아주 많이 있다. 그런 분들을 위해서, 왜 시는 철학인가를 밝히고 보여주고자 하는 마음 간절하기 때문에, 부족하지만 몇 자 적을 용기를 내었다 해도 과언이 아니다 . 우리가 아는 칸트는 철학의 코페르니쿠스적인 혁명을 일구어 놓은 사람이다. 그가 말하는 시(詩)에 대해서 몇 자 적어보고, 그 다음에 필자의 생각으로 마무리하고자 한다.

- 몸글
1. 칸트의 시적 재현과 자유

   바움가르텐이 '미학(Aesthetica, 아름다움의 본질을 추구하는 공부)'이라는 말을 사용한 후에, 칸트는 『판단력비판』에서 미감적 판단의 독특성을 지성과 상상력의 자유로운 유희의 결과라고 하였다.[24] 또 칸트는 "예술적 창조의 정신은 도덕적 이념과 결합하는 데에서 최고의 즐거움을 느낄 수 있게 된다"고 하였다.[25]

   필자는 이러한 '유희'라는 관점에서 '시적 미학'을 추구하고자 한다. 아리스토텔레스가 장르의 구별에 대해서 재현대상에 따른 무차별적인 재현현상을 말했다면, 칸트는 이에 자유를 덧붙였다. 이

---
[24] 서양근대철학회, 『서양근대미학』 (파주: 창비, 2012), p. 28.
[25] 서양근대철학회, 『서양근대미학』, p. 307.

를 더 세밀하게 고찰(考察)하자면, 이들이 말하는 것은 단적으로 문제이다.

이 문제는 우리가 말하는 '스타일style'로 꾸며지는 절대적인 방식으로 구성되어야 한다. 다른 말로 하면 어떤 대상이나 다른 것에 의존하지 않고 규정되어 있지 않음을 의미한다.[26] 그렇게 본다면 이들이 주장하는 예술이란, 바로 '자신의 독특성을 통해 소통 가능한 보편성을 산출하는 하는 것을 인정한다'는 것이다.[27] 곧 이들이 주장하는 것은 아리스토텔레스가 말하는 재현(여기서 재현방식은 포함되지 않음)에다 자신이 가지는 특정한 감성형식과 그것에 따른 대중성이 가미된 것이라 하겠다.

2. 칸트가 말하는 예술 중 으뜸 되는 시(詩)

칸트는 인간의 지적, 미, 감각, 도덕, 윤리를 통틀어 예술로 승화할 수 있다면, 그 예술 가운데 미(美)감각 이념을 현시하는 능력을 가장 유감없이 발휘할 수 있는 시(poet)에 대해서 단연 최상의 지위를 부여한다.[28]

그는 '미적 예술'에서 천재는 자연미를 낳는 규칙의 속박으로부터 벗어나서 해방된 자유와 함께 자신이 뜻하는 바를 표현해 낼 수

---
26) 서양근대철학회, 『서양근대미학』, p. 30.
27) 서양근대철학회, 『서양근대미학』, p. 31.
28) 서양근대철학회, 『서양근대미학』, p. 304.

있다고 보았다. 그에 따르면 천재란 '자연의 총아(寵兒)'라는 말을 사용하여 작가가 자연을 통해서 품어내는 독창성과 원본성이 구현되는 것으로 보았다.29)

3. 칸트가 말하는 철학과 시의 관계

칸트는 서양미학사의 선구자 역할을 한 비움가르텐 이후, 미학 역사에서 지성과 상상력의 자유로운 유희에서 성립하는 세계가 바로 서양미학사라고 하였다. 그는 학문으로서의 미학을 발전시켰으며 그 가운데서 '시'에 대한 독특한 사랑의 방식으로, 철학과의 체계적 연관 속에서 상상력의 자유를 만끽하기 원했다.

칸트가 일구어 놓은 '미학과 철학의 만남의 장' 이후에 미적 예술론의 셀링의 낭만주의 미학의 근간이 되었다.30) 이제 칸트는 그가 확립한 시와 철학의 만남이 플라톤 이후에서 근현대철학까지 다리 역할뿐 아니라 시적 철학의 근간이 되었다. 비어슬리에 의하면, 그의 미학 이론은 철학체계에서 빠뜨릴 수 없는 일부분으로서, 이러한 점에서 그는 최초의 근세 철학자였던 것이다.31)

4. 칸트가 말하는 시작(詩作, Dichten)의 즐거움

---

29) 서양근대철학회, 『서양근대미학』, p. 302.
30) 서양근대철학회, 『서양근대미학』, p. 311.
31) 먼로, C. 비어슬리,『미학사』, p. 242.

칸트는 어떤 예술을 구상하는 힘은 감관에 의해 주어진 대상을 포착할 때 객체의 일정한 형식에 속박되어 있다고 말한다. 그런 제한에 의해 시작(詩作, Dichten)은 자유로운 유동을 하지 못할 수 있다. 반대로 만약 대상이 된 구상력이 자유롭게 방임되어 있다면, 그것은 바로 오성의 합법칙성 일반과 조화되도록 만들 수 있을 것 같은 형식때문일 것이라고 했다.[32] 이 말은 자못 어려울 수 있다. 그러므로 그 의미를 좀 더 자세히 풀어본다면, 이는 목적 없는 합목적성(合目的性)의 개념이 해결을 제공할 수 있다면 오히려 대상에 대해 자유로운 상상의 나래를 펼칠 수 있게 된다는 뜻으로 해석할 수 있을 것이다. 곧 관조적 현상을 통해서 여유와 기쁨을 만끽할 수 있는 시작을 할 수 있다는 말이다.

– 나가면서

칸트는 '이 장미는 아름답다'라는 말은 주관적인 미적이며 직관적인 판단으로 유희적인 요소를 담고 있다고 하였다.[33] 그러나 '모든 장미는 아름답다'라는 말은 오성(이성)과 구상력간의 상호 조화를 이루게 하는 확정적인 것이기 때문에 미적 관점에서는 보편성의 성질을 띠고 그 가치를 하락한다고 보았다.

---

32) 먼로 C. 비어슬리, 『미학사』, p. 249.
33) 먼로 C. 비어슬리, 『미학사』, p. 246.

칸트는 비확정적(indeterminate) 언사(言辭)를 통해서 절대적인 미를 마련하고자 했던 것이다.[34] 즉 어떤 인식의 행위를 떠나고 상상력의 일반을 넘어 독특한 환경을 마련할 수 있는 것이라야 한다고 보았던 것이다. 결국 필자가 말하고자 하는 바는 시(詩)란 단순히 생각나는 대로 긁적일 수 있겠지만, 철학적 입장에서의 시(詩)란 칸트가 말한 것처럼 가히 아름다움(das Schöne)에 대한 숭고의 미가 철저하게 드러나야 한다는 것이다.

필자는 칸트의 시와 철학의 만남에 하나 얹고 싶은 말이 있다. 그것은 미적 감각에 주어진 인간의 인지능력은 단순한 사고(思考)자의 입장 뿐 아니라 독자(讀者)의 만남의 장을 연출하는 일라는 것이다. 곧 주관적인 내 시를 읽고 감동받을 사람이 있어야 한다는 말이다. 세상에서 아무리 좋은 시가 있다한들 읽어도 이해 못하고 감동을 받지 못하면 있으나마나한 것이 될 테니까 말이다.

25. 형상(形像)학적 직관 너머에 있는 예술로서의 '시'의 가치

-들어가면서

이 장에서는 시의 영역이 얼마나 문학적 가치가 있는가에 대해

---

34) 먼로 C. 비어슬리, 『미학사』, p. 247.

서 현상학적 입장에서 설명하며 논하고자 한다.

그리고 시를 좋아하며 사랑하는 자들이 이러한 시적 가치를 잘 알고, 뼈가 깎이고 살이 에이는 과정 속에 아름다운 예술작품으로 빚어내기를 바란다.

- 몸글

시는 예술철학 분야에서 절대적 가치가 있는 것으로서, 수많은 철학자들의 논문과 책, 그리고 그들의 아티클이 뭇 사람들의 내면과 영혼에 울림을 주었다. 그 이유는 시가 미학의 일부이긴 하지만, 언어적인 재현으로 인간이 지닌 아름다움을 철학적으로 표현할 수 있는 지고한 위치에 있기 때문이다.

하이데거는 그가 영향을 받았던 현상(現像)학의 토대가 되었던 훗설의 영향을 받고서, 시란 '세계의 대상에서 발견한 위대한 발견'이라고 주장하였다. 쇼펜하우어는 재현된 구조물인 시는 그것이 형상(形像)적 직관이라는 틀로 파악할 수 있는 '형이상학적 너머에 있는 존재 그 자체'라고 하였다. 그는 또 그 너머에 있는 존재는 흐트러지고 헝클어진 세계일뿐이라고 받아들였다. 그리고 그것이 인간의 감각자료(이성과 경험)를 통해서 세상에 나오게 된 것은 다름 아닌 개념(논리적 구조로 엮어내는 과정)의 도움이라고 여겼다.

프랑스 낭만파 시인인 빅토르 위고는 '신이 자연을 시적인 예술로 창조하셨다. 그리고 인간을 통해서 그 아름다움을 드러내셨다'라고 한다.[35] 이 얼마나 멋진 말인가.

이는 곧 자연 속에 있는 아름다움과 신적인 미학을 예술로 승화하기 위해서 인간을 도구화하여 빚어낸 시의 영역을 말하고 있는 것으로, 이 때 어느 누가 시를 감히 가볍게 여길 수 있겠는가 하는 물음이 나올 수 있다. 오스트리아의 과학철학자 칼 포퍼는 말하기를 '시는 절대적인 예술 영역의 공명'이라고 하였다.[36]

이 말은 세계 안에서 생동하는 멋든 울림의 소리를 말하는 것이다. 이처럼 시의 가치는 어느 철학자라도 감히 가볍게 여기는 이가 없을 정도이며, 예술철학의 분야인 미학의 자리에서도 그 위세가 등등하다 할 것이다.

필자는 시를 짓는 작가가 시인은 아무나 될 수 있지만, 내용이 있는 예술로서의 시는 아무나 쓸 수 없음을 알기를 원한다. 좋은 시는 가히 인간 삶의 철학과 미적 세계에 지대한 공헌을 할 수 있는 힘이 있다고 보기 때문이다.

반대로 언어 게임이나 의미 없는 시를 창작하였을 때에는 오로지 자기의 무지를 드러낼 뿐이며, 감각적인 의미나 그런 정서로 뭉뚱그려진 글짓기는 단지 자기만족이거나 한낱 자기만의 긁적임일

---

35) 먼로 C. 비어슬리, 『미학사』, p. 434-35.
36) 칼 포퍼, 『끝없는 탐구』, 박중서 옮김, (서울: 갈라파고스, 2002), p. 107.

뿐으로 보았다. 훗설의 제자 잉가르텐이 말한 '청년의 샘물'을 주제로 필자가 시를 지어보았다.

   청년의 샘물에 담궈진/
   영혼의 갈증은 무엇에 비유하려나/
   이지러지는 세계에/
   내 영혼의 우물을 퍼서/
   마시우게 하려무나, 그대여/
   끄트머리에 매달린 청년은/
   값진 죽음을 아는가?/
   나는 청년의 죽음을 기억하노라/

잉가르텐은 현상에 나타난 섬세하고 복잡한 논리탐구 방법을 예술현상에도 적용하였다. 이는 정신적 현상을 물리적으로 승화한 것인데, 비록 경험이 아닌 어떤 환상일지라도 그 실체는 있다는 말이다.

필자는 위의 시에서 청년의 샘물이 실제로 존재하는가 하는 잉가르텐에 질문에 대한 답으로 그 샘물은 생각과 욕망의 지향적 대상이 된다는 생각을 나타내 보았다. 해석을 하자면, 청년의 샘물은 실제로는 존재하지 않는다는 의미이다. 그러나 청년이 지닌 가치관과 세계관을 갈증에 환원시킨 것이다. 여기서 유비된 내 영혼의 우물은 청년의 샘물과는 다르지만 청년에게 건네줄 수 있는 희망적 메시지가 된다고 할 수 있다.

이 때 희망을 들이마신 청년은 죽음을 맞이하게 되는데, 그 죽음은 육체적 죽음이 아니다. 그가 느꼈던 갈증이라는 해소를 죽음으로 묘사한 것이다. 따라서 그것은 값진 것이 되는 것이고, 시적 화자는 그 청년의 샘물이 미래 개방성으로 열려진 것을 확인한 후에야 청년의 죽음, 즉 갈증의 해소를 기억하게 된 것이다.

-나가면서

이처럼 시란 비유, 은유, 유비의 세 가지와 비확장적 언어, 그리고 비합리적이면서도 현상적으로 실제를 드러낼 수 있는 묘미가 있어야 한다.

해석을 달리 할 수도 있을 것이다. 하지만, 만일 그렇게 달리 해석한다면 시인과 독자는 따로 놀게 되고 음미되는 '공유미학의 자리'는 사라지게 된다. 현상(現像)학적 물음을 시로 표현하기란 대체로 쉽지 않다. 그러나 뼈를 깎는 연습과 감정의 이입 속에 한 편의 아름다운 시가 창출되게 되는 것이다. 이렇게 될 때, 현상적인 실존의 시는 미적 예술로의 가치가 한층 더 승화(昇華)될 것이다.

부록

정보기술과 현대시[37]와의 융합에서[38] 추출한 '소통과 유희'[39]

최 성 열

　필자는 이 글을 통해 인문학과 과학의 교차점을 찾아 중첩하는 에너지를 현대시에 관철시키고 거기에서 나오는 소통과 유희에 대한 융합적 에너지를 도출하도록 하여 작으나마 인간 삶에 도움을 주고 싶다. 그리하여 시인이 현대적 감각을 가진 현대시에 정보기술을 결탁시켜 인간관계의 상관성에 합당한 '소통과 유희'를 누리는데 일익을 담당하게 되기를 바란다.

　이 말은 곧 시를 읽으며 즐거운 인생을 살자는 의미이다. 특히 유희란 바람직하고 행복한 삶을 살 수 있는 장이라고 여긴다. 여기에는 조건적 매개가 필요한데 그것은 '진정한 자유와 참된 행복'이다.

---

[37] 김영철, 『21세기 한국시의 지평』(서울: 신구문화사, 2008), p. 29; 김영철은 김용직이 1992년에 쓴 책 『국어국문학 40년』을 인용하여 "김용직에 의하면 현대시 연구 흐름을 해방 전에서 1960년 중후반으로 보고 있다"고 했다. 필자가 이해하는 현대시란 르네상스 이후에 근현대를 아울러서 현대에 근접한 시, 곧 정형률을 배제하고 자유로운 기법으로 가락을 읊은 시라고 판단한다. 이후로는 시나 현대시를 동시에 사용하기도 하고 분리하여 사용하기도 하겠다.

[38] 융합에 대한 정의에 대해서 하단(下段)에 간략하게 설명하고자 한다. 우선 융합은 간단하게 정의하자면 '어떤 분야에서든 각각의 정체성이 뚜렷한 것들이 둘 이상이 모여 더 최선의 것으로 생산한다는 것'으로 설명할 수 있다. 필자는 이후에 융합 + 사회를 융합사회라고 주로 표기하겠다.

[39] 본 논문은 '국제문화기술진흥원, 2015년 1월 창간호'에 실린 필자의 졸저이다.

이 두 가지가 선한 양심적 인간성의 특질에서 기인한다면, 필자가 주창한 인문학적 영역인 '정보기술과 현대시와의 만남'에서 결국 '소통과 유희'를 도출해 낼 수 있을 것이라고 전망한다.

Ⅰ. 서 론

필자는 인간이 세상에서 살아갈 때 마땅히 부딪히는 '어떠한 상관성에 대한 융합을 요구하는 요즘 사회'에서 현대를 관통하고 보다 질 높은 지적인 쾌감을 인간에게 선사하고자 하는 마음으로 본고에 착수하였다.

특별히 인문학의 꽃이라 할 수 있는 현대적인 '시(Poet)'를 통해서 인간들에게 성큼 다가갈 수 있는 문화적 유희를 안기고자 하는 목적에서이다. 이런 유희적 삶에 인간의 질적인 삶을 현대사회가 주창하는 혁신과 창의를 근간으로 하는 융합(Convergence)에 발맞추어 현대시(Modern Poet)를 통한 '인문학과 철학의 상관'이라는 소주제로 부족하나마 시너지효과(Synthese)를 마련하고 싶은 마음의 발로라고 보아주었으면 좋겠다.

* 연구 목적 및 방법

본고의 논지는 '소통과 유희'이다. 이것을 이해하기 쉽도록 자유와 행복을 먼저 설명한 다음 이 논지를 근거로 하여 융합이란 무엇인가, 그리고 현대인들에게 요청되는 지복이란 무엇인가에 대해서 논하여 보기로 하겠다.

다음으로 인간성의 간극(間隙), 행복과 자유에 대해서, 인문학적 시와 철학의 만남을 순서대로 나열하겠다. 그리고 결론 부분에서는 '현대시'가 융합사회에서 추출되는 이점을 통한 '소통과 유희'로 마무리를 하려고 한다.

II. 본 론

본문에서는 융합사회에서 요청되는 항목들을 자유와 행복 두 가지로 구분 짓고자 한다. 또한 정보기술 사회가 양산한 도구를 사용하여 현대시 한 편을 살펴보고, 그것이 주는 유익을 소통과 유희의 장에 접목시켜 인간다운 삶의 기틀을 마련하고자 한다.

1. 융합사회에서 요청되는 '소통과 유희'

인류 시초에서 자연과학으로 연결될 때까지 해도 인간은 자기 자신을 제일로 생각하는 현상을 지니고 있었다. 그러나 자연과학의 계발(啓發)과 산업혁명, 자본주의의 발흥과 패권적인 국가권력이 더욱 강성해진 근세사회에서는 공동체의 문제와 더불어 국가관의 자유와 행복까지 생각했다고 해도 과언은 아니다.

그리고 현대는 과학기술의 정체(停滯) 없는 발달에 정보기술까지 연계하여 개인적 삶에 지대한 공헌을 하였다. 이 과학기술은 후에도 언급하겠지만 광범위하게 보아 인문학에 속한다고 말할 수 있다. 이는 다른 말로 하면 인문학이 일궈낸 문명과 문화에서 독특성과 장점만을 추출하여 더욱 섬세하고 웅장한 문화기술의 융합을 꾀하고 있다고 할 수 있다.

여기에 소통의 힘을 실어 준 것이 과학적 기술이다. 이에서 융합이라는 말의 기초를 꾀했고 보다 발전적 분야를 형성했다.

이에 인간은 기술 뿐 아니라 자유와 행복에 대해서도 관심을 기울이고 있다. 여기에 필자는 '소통과 유희'를 자유와 행복에 연결하여 아름다운 인간성의 터전을 마련하고자 한 것이다.

더 쉬운 말로 바꿔 말하자면 행복한 삶이란 '대화와 즐거움'이라고 표현하고 싶다. 이렇게 표현한 이유는 인간은 지구상에서 공존하며 살고 있으며 누구든지 기쁘고 즐거운 삶을 영위하기를 소망하고 있다고 판단하기 때문이다.

그렇다면 소통과 유희를 위해서 먼저 융합이란 무엇인가?[40] 를 살펴보고자 한다. 홍성욱은 "잡다한 르네상스 맨을 만들기보다는 각 분야에서 곧 인문학이든, 예술이든, 과학이던 간에 그 분야에

관련한 전문성과 창의성을 띤다"고 하였다.[41)]

홍성욱은 덧붙이기를 "융합이 과학적 기술에서는 많은 연구가 생산되었으나 인문학과의 연결고리는 아직 미미하다"고 말했다.[42)] 필자도 이 말에 동의하면서 한편으로는 현 시대가 요구하는 융합세대에 SNS가 주는 효과는 보다 융합의 극대화라고 생각한다. 이는 곧 네크워크라는 기술과 인문학과의 만남의 장이기 때문이다. 곧 인간이 생산한 과학기술의 분야뿐 아니라 인문학에서도 그 가치를 연결하여 창출할 수 있다고 본다.[43)]

홍성욱은 그의 다른 책에서 과학과 언어라는 한 장을 마련하여 '과학 활동에서 언어의 중요성'을 피력하면서 "과학에서 언어에 주목하는 것은 문화로서의 과학의 풍부한 의미 영역에 접근하는 하나의 열쇠다"라고 한 보노의 말을 인용했다.[44)]

한편 융합 인지과학의 개념으로도 널리 사용하고 있다. 이정모는 융합의 인지과학을 '인간 사회와 동물, 인공물의 신경직, 지적, 신체적, 사회적 모두를 탐구주제로 삼는 것'이라고 한다.[45)] 필자는 이 말에 동의하여 아래와 같이 정보와 인문학적 무대를 융합하여 소통의 장을 마련코자 한 바이다.

---

40) 필자는 융합이라는 말은 인문학의 기본에서 출발한 각 분야에서의 조화와 균형을 꾀한 참신함과 혁신, 창의성이라고 생각한다.
41) 홍성욱 외, 『융합이란 무엇인가』 (서울: 강남출판문화센타, 2012), p. 12.
42) Ibid., p.34.
43) 좋은 예로 애플 창업자인 '스티브 잡스'가 개발한 문학과 기술의 만남이다. 곧 매켄토시 컴퓨터나 아이패드나 아이폰을 생산한 점이다.
44) James J. bono, "Science, Discourse and Literature," pp. 59-89를 홍성욱, 『인간의 얼굴을 한 과학 - 융합시대의 과학문화』 (서울: 서울대학교출판문화원, 2009), p. 129를 재인용하였다.

이처럼 융합이란 단어가 독자들에게 다소 생소할 수 있지만 이미 18세기 독일의 관념론 철학자 헤겔은 사물의 이치나 인간의 정신적 세계를 정반합으로 규정하였다. 그에 의하면 객관적인 틀에 반대적인 현상이 있을 수 있지만 결국 최선의 결과를 산출하여 시너지효과를 기대한 것이다.

이것이 융합이라고 할 수 없지만 기대치는 어느 정도 마련된 것으로 보인다. 특별히 융합은 '통섭'이라는 말로 통용하기도 한다. 이는 곧 자연과학과 인문학의 연결고리라고 보면 될 것이다. 이에 궁극적인 교집합의 관계는 위에서 설명했듯이 창의성(Creativity)와 혁신성(Innovation)이라고 할 수 있다.

필자는 굳이 현대시의 참신함을 덧입혀서 융합사회가 요구하는 세태에 '소통과 유희'를 이입하여 인간다운 삶의 질을 높이는데 소견을 밝힌다.

2. 지복(至福, summum bonum[46]))에 대해서

인간은 유사(有史) 이래 언어를 사용할 수 있을 때부터 현대까지 지복(至福, summum bonum)을 향한 끊임없는 갈망(渴望)을 품어왔다. 곧 인간 삶의 자유와 행복에 대한 수많은 연구와 결과를 거듭해 왔다는 말로 대신할 수 있다.

---

45) 김광수 외, 『융합 인지과학의 프런티어』 (서울: 성균관대학교 출판부, 2011), p. 20.

그 인간 삶의 질에 대한 연구와 과정, 결과는 곧 자연과학을 포함한 인문학이라고 할 수 있다. 이러한 인문학은 인간 생활에 필요한 충분한 조건을 만족시키며 그 안에서 인간다운 삶을 영위할 수 있는 근거를 마련해 주었다. 시는 그 가운데 한 분야로써 인간 삶에 풍요를 제공한 인문학의 꽃이라고 할 수 있다. 시는 앞으로도 계속되고 있으며 이는 보다 질적인 지복에 대한 인간적(humilitas)인 요청 때문이라고 할 수 있다.

그리고 인간의 지복이 더욱 빛을 발하는 이유는 인터넷 구축망을 통한 문화적 교류 때문이다. 이에 현대시에 대한 유희와 활용도는 더욱 커지고 있다. 그것이 곧 현대 사회가 가장 절대시하는 요구로 창출된 컴퓨터통신망(인터네트워크)이라는 시스템이다.

이 사이버상에서 네크워크로 '소통과 유희'를 마음껏 즐기고 있는 세태이다. 그럼에도 현대사회는 인문학의 배고픔이 계속되고 있다. 왜냐하면 인간의 근본을 정립할 수 있는 존재(存在)와 형이상(形而上)에 대한 정의가 여전히 정립되지 않았기 때문이다. 더불어 현대사회는 날마다 엄청난 정보기술이 쏟아지고 융합된 사회적 유물을 산출되고 있다. 물론 이것들이 완전하다고는 할 수 없다. 그렇기 때문에 인문학은 완전히 정돈되지 않았다고 할 수 있다.

---

46) 라틴어는 기울임체로 사용하겠다.

인간은 어떻게든 과학기술과 인문과 철학과 미술, 음악, 더 나아가 종교에까지 융합이라는 말을 사용하여 인문학적 행복에 더 많은 성과를 기대하고 있다. 이를 위해 자본주의 사회는 소규모의 자본으로 광대한 효과를 얻기 위해 노력하고 있고 인간은 각종 자유를 누리고 여유를 가지고 행복을 창출하기에 혈안이 되기도 한다. 이를 위해 인간은 각양각색으로 문화를 즐기고 운동과 각종 놀이를 통해서 질적인 삶을 향하고 있다. 이에 필자는 현대시가 네크워크상에서 소통을 이루고 인간 상호간에 유희를 제공할 수 있다는 점에서 적극적인 찬사를 아끼지 않는다.

3. 시를 통한 인간 성질(性質)의 고저(高低) 측면에서의 간극(間隙)

시(현대시)가 융합사회에서 많은 유익을 주는 것은 사실이다. 그렇지만 애로점이 없지 않은 것은 직접적 대화의 장을 이루기 힘든 상황이다. 이것을 위해 인간은 끊임없이 총체적인 인간 생활에 기술을 주입하고 개발하여 인간 삶에 융합된 풍요함을 배양하고 있는 실정이다. 그렇다면 이렇게 인문학의 발달과 함께 인간의 실존적 삶의 태도가 풍요한 만큼 인간의 성격의 질은 어떠냐가 문제될 수 있다는 점이다.

인간의 행복의 잣대를 마냥 높이며 살 수 있다는 데는 매우 고무적이다. 하지만 그 이면에 인간의 질, 곧 인간성의 실태를 그대로 간과할 수만은 없다. 다른 말로 하면 범죄의 수법이 나날이 발전하고 있으며 그 정도가 담대해지고 있으며 죄성이 극대화되고 있고 있다. 인문학적 기술과 문화적 상황이 계발되는 분야가 수없이 많고 인간적 삶의 질을 높이는 데는 최선을 다했다고 생각한다. 그렇지만 궁극적으로 그 이면에 도달하는 죄를 억제하는 장치는 마련하지 못했다는 것이 큰 문제로 남는다.

인간은 셀 수 없을 만큼 자기 안에 잠재의식과 능력이 내재해 있다. 인간은 그것을 일일이 다 조절할 수 없을 것이다. 바꿔 말하면 인간이 지니고 있는 선과 악의 간격에서 둘의 공존성에 이입되는 상황적 판단 능력을 상실할 수 있다는 것이다. 이는 곧 자기와의 투쟁적 토대에서 이겨낼 수 없는 무능력과 같은 맥락이다.

다시 말하면 끊임없는 '자기 소유와 절제'를 의식적으로 균형 잡힌 양심의 도덕을 세워갈 나갈 수 없다고 판단하기 때문이다. 이는 곧 자기 안에 있는 욕심이라고 할 수 있는데 이것을 초월하는 자는 성인이자 현자라고 해도 과언은 아닐 것이다.

인간이 스스로의 마음을 조절하고 통제할 수 있는 계산적 능력이 자리하고 있다면 이 땅에 설립하고자 하는 유토피아가 건설될 수 있다. 하지만 인간 유사 이래로 끊임없는 전쟁과 권력에 대한 사욕과 인간적인 측면에서 도달해 보자고하는 여유와 자유에 대한 실현은 현금에도 계속되고 있다는 데 그 초점이 있다.

　이런 선악의 막간(幕間)에 여유를 가지고 인간적인 삶의 자리에 자연과학이 있었다. 그리고 그것이 일구어 낸 인지과학이 또한 첨단기술과 합세하였던 것이다. 이를 기술적 분야에 적정하게 중점적 역할을 한 융합이라는 매개체가 있어서 가능했던 것이다. 그럼에도 불구하고 인간의 내재적 욕심의 근간에 붙박이 역할을 한 선악의 가능태[47]를 현실태에 온전하게 적용하기가 수월하지 않았던 것이다.

　이렇듯 필자는 인간 내면에 숨겨진 두 가지 선별적인 이탈 현상을 가지고 있다고 본다. 두 가지 현상 속에서 시(현대시)가 주지하는 바는 인간의 양심이라는 것이다. 그렇게 되지 않고서는 원활한 소통이나 유희는 정립될 수 없다고 본다.

　이 둘의 간격을 잠깐 설명한다. 첫째는 선이라는 것이 자신 안에서 주관적으로 무엇이든지 할 수 있다는 착각 속에 있는 것이다. 물론 참된 선을 추구하려는 노력은 끊임없이 지속되고 있는 것은 부인할 수 없다. 그러나 필자는 선을 오용한 자만(自慢)이라고 생각하기에 이것이 결코 양심에는 부합할 수 없는 현실적인 선을 말하려는 것이다.

---

47) 아리스토텔레스의 철학적 명제로 현실에 드러난 것의 이면에 가능성을 지닌 것으로 설명한 개념이다.

이는 선과 악의 간격에서 늘 대립적인 관계에 설 수밖에 없다고 여겨진다. 둘째는 소비재(消費財)48)의 입장에서 생산재(生産財)의 입장을 고려하지 않는 틀로 이해할 수 있다. 즉 권력남용(濫用)을 통해서 내적인 심력을 좌지우지(左之右之)할 수 있다고 믿는다. 이는 양심과는 거리가 먼 것으로서 생산재와 소비재의 원리를 불균형의 자리로 대신할 수밖에 없다고 결론되어진다. 소비재의 선한 목적을 잃어버리고 생산재의 비율에 맞춰 자기의 욕망만을 산출하였던 것이다.

곧 인간이 지닌 욕망이 선악의 분별에서 이탈되어 질 높은 융합의 기회를 맞이하더라도 소비하는 측면에서 욕심이 과하게 되면 언제나 융합의 본래 목적에서 간극(間隙)은 초래하고 말 것이다.

간단히 정리하면 인간은 착한 마음을 유지하고 아름답게 살기를 갈망한다. 왜냐하면 자기 안에 있는 욕망의 틀을 깨버리지 않고 더 질 좋은 욕망을 위한 생산재(生産財)로 말미암은 재화를 얻기 위해 노력하기 때문이다.

자본주의가 노동 능력을 거머쥘 수 있었던 것은 이런 욕심에서 기인한 소비재의 동인(動因)이며 어쩔 수 없는 인간의 졸속한 성질을 끄집어내며 무던히도 선한 의지를 향해 발돋음하고 있다고 보

---

48) 인간이 재화를 통해서 욕망을 충족시키려는 현상인 경제적 개념이다.

기 때문이다. 이러한 인간성의 문제가 해결되어질 때 인간이 추구하는 유토피아는 융합사회가 일구어 놓은 텃밭 안에서 인문학적 희망이 시(현대시)를 통해서 아름답게 빚어날 것이라고 전망한다.

4. 자유와 행복에 대해서
4-1. 자유

필자는 융합사회가 주도적으로 도출하는 인간 삶의 질을 향한 도약에서 '소통과 유희'에 대하여 필연적으로 동반되어야 하는 것이 행복이라고 판단한다. 여기에 한 편의 시작(Composition of Poems)을 통해서 독자들과의 만남의 행복의 요소를 제공할 수 있다고 본다. 여기에 진정한 자유도 물론 같이 다루어야 함은 두말할 나위 없을 것이다. 특별히 필자는 자유에 대해서는 근현대를 아우르는 영국의 공리주의자 스튜어트 밀과 근대 종교개혁을 꾀한 독일의 마르틴 루터를 비교하면서 다루고자 한다.

인간의 삶 가운데 자유와 행복은 불가분의 관계에 있다. 스튜어트 밀은 "행복에 대해서 자유와 연관하여 사회적 연대 책임과 개인의 행복이 긴밀한 역학관계에 있다"[49]는 것을 주창하였다. 150년 전에 근대에서 현대로 가는 길목에 주춧돌을 세운 스튜어트 밀은 '자유론'에서 개인과 다수자의 행복의 조화를 그 내용으로 하여 후대에 많은 영향을 주었다. 그가 말한 '진정한 자유'를 한 마디로 표현할 수 힘들지만 그가 주장하는 자유는 행복과 함께 긴밀하게 관계되고 인간 존중의 측면과 더 나아가 국가의 존립과 부강을 위한 것이었다고 볼 수 있다.

그가 말하는 자유는 개인이 누릴 수 있는 행복의 잣대를 규정해 보려는 노력의 산물이었다. 그는 최대 다수의 최대 행복뿐만 아니라 개인의 자유를 통해 인간이 우주 안에서 한 개체로서의 역할이 얼마나 중요한가를 계몽시켜 주었다. 즉 자유로 말미암아 남에게 해를 끼치지 않는 '이상'과 자유에 대한 인간의 누릴 수 있는 '권리'를 더 확장했다. 따라서 그가 추구했던 자유의 맥락에서 볼 때 공리주의, 자본주의 내용은 시대마다 요청되는 상황이 전개되었다. 위와 같은 사회적 책임과 개인의 행동이 '자유'와 함께 동반할 수밖에 없는 이치였다. 필자는 스튜어트가 말한 자유는 융합사회가 요구하는 이치에 맞는 답이 아닌가 조심스럽게 생각해본다.

독일의 마르틴 루터의 '그리스도인의 자유'에 대해서 잠간 살펴본다. 마르틴 루터는 가톨릭 종교적 입장을 넘어서 개신교가 추구하는 성경적 자유는 무엇인가를 표명하였다. 성서에서는 자유란 진리 안에서 자유를 표방한다.[50] 루터가 말하는 자유는 세속적인 것이 아니라 하나님 나라를 규명한 진정한 자유를 뜻한다. 곧 그리

---

49) 스튜어트 밀, 『자유론』, 서병훈 역, (서울: 책세상, 2005), 제4장 요약.

스도가 하나님의 아들로 이 땅에 들어오고 그의 리더십에서 결실된 '섬김의 자유'를 말한다. 그가 주창한 내용을 간단하게 말하자면 그리스도가 아무에게도 예속되지 않았지만 그는 종으로서 모든 사람에게 종이 되었고 만물 안에서 자기를 주장하지 않았다는 사실이다. 곧 왕된 위치에서 권력을 다 가졌음에도 불구하고 그것을 오히려 섬김의 자리에서 사용하였던 것이다.

그것은 인간 세상에서 패권주의(Hegemony)와 계급사회(Hierarchy)가 아니라 종으로서 그리스도가 가진 역량을 겸손하게 내어 놓는 것이다. 그렇다고 그리스도의 능력이 소멸된 것이 아니다. 오히려 그가 죽음으로 대변한 인류에의 대속의 공로는 가히 세상에서도 비등할 수 없는 사랑의 성취였다. 마르틴 루터는 이를 그리스도인에게 그대로 적용하여 왕된 자유와 종된 덕장으로서의 자유를 누릴 것을 말했다.

4-2. 행복

소크라테스는 행복이라는 말을 이성적이며 합리적 논제를 사용하여 실천적 과제로 선향(先鄕)하였다.[51] 플라톤은 그의 스승 소크라테스보다 한 차원 너머에 있는 이데아적 사상을 펼쳤다. 그는 진정한 행복 추구에로의 길에 영혼에 대한 갈망을 더했던 것이다.

---

50) 요한복음 8장 32절 "진리를 알지니 진리가 너희를 자유케 하리라."

곧 영혼 속에서의 질서 있는 대화로써 이성은 덕이며 이것이 곧 행복이라고 여겼다. 그의 제자 아리스토텔레스는 플라톤의 원리를 더욱 확대하고 이데아적 형이상학은 변증법적 원리를 적용하여 실체(usia)였다. 그는 행복을 이성으로 생각하는 것이 가능하며 도덕으로 발산하고 실천하여 참 행복에의 추구였다. 그는 이를 통해서 이성과 비합리적 요소에 담긴 난제를 해갈하려고 노력하였다.

결론적으로 현대시가 요청하는 '소통과 유희'에 대해서 장황(張皇)하게 설명하는 이유는 무엇일까. 그것은 혁신과 창의를 통해서 융합사회가 산출하는 방향에 대한 대응이기 때문이다. 결과적으로 자유와 행복은 현대시가 더 자유롭게 인간관계를 형성하고 문화적 재미를 줄 수 있다는 데는 적극적인 요소라고 할 수 있다. 스튜어트 밀의 자유에 대한 이론은 '개인의 의지를 살리되 남에게 해를 끼치지 않는 범위에서 자유'라고 말할 수 있다. 이는 어떤 규범을 넘어설 수 없는 제한적 자유라고 볼 수 있다. 여기에 한층 덧붙인 종교적인 사랑의 색채가 가미되어 있는 마르틴 루터의 자유는 낮아지는 겸손의 자세를 말하는 것이다. 이는 현대사회가 요구하는 진정한 자유의 틀을 간단하게 집어서 말한 것으로 이해된다. 필자는 자유와 행복이 토대가 된 인간이 융합사회에 절실히 필요한 소통과 유희를 향한 밑거름이 된다고 여긴다.

---

51) 소크라테스는 덕을 바탕으로 지행합일적인 윤리야말로 최고(最高)선으로 간주하였다.

5. 인문학과 현대시의 상관성

인문학이라는 용어를 처음 사용한 키케로는 인간의 조건을 탐구하는 학문으로 라틴어 '후마니타스(humanitas)'라고 할 수 있다. 곧 이 말은 인간의 문명과 문화 활동의 전반적인 철학, 역사, 과학, 음악, 미술 등등 그 분야를 섭렵하는 것이다. 이는 인간 전반의 삶에 어리는 문제를 관찰하고 해석하고 나누는 것을 인문학으로 할 수 있겠다. 특별히 인간은 혼자 살 수 없다. 이를 아리스토텔레스가 '인간은 정치적 동물이다'라고 했다. 곧 이 말은 인간이 가지고 있는 특출한 사상과 존재 의식, 또 상대에 대한 관계 문제와 삶의 처세에 대한 지혜를 아울러서 말할 수 있다.

고대 철학자들의 철학적 사유와 인간 궁극적 존재 발견의 주제는 '부끄러움'이라고 했다. 그 부끄러움은 물론 인정적인 것이 아니라 '지혜'를 사랑함이었다. 이처럼 인간이 현실에 부딪히는 명예, 권력, 등이 부끄러움과 맞닥뜨리게 되면 그 '부끄러움'은 거기에 귀속되어 참다운 부끄러움을 발견할 수 없게 된다.

키케로는 인문학을 말하면서 젊은이에는 '삶에 대한 재미'를 부여해 주고 늙은이에게는 '행복과 여유'를 안겨주는 것이라야 한다고 했다. 그렇다면 융합사회가 요구하는 현대시가 주는 묘미는 인생으로 하여금 주위를 환기시키고 시구(詩句)들에 변환장치(Paradigm Shift)를 걸어 독자로 하여금 즐거움을 안길 수 있다.52)

인문학은 인생의 철학적 사유와 존재의 문제에 대해서 생각을 통해서 때로 음악으로, 때로는 그림으로, 그리고 시로 표출되기도 한다. 특별히 필자가 위와 같은 인문학 분야에서 빌리려고 하는 바는 시(詩)다. 시는 음운이 있는 노래로 인간의 감성이미지는 글로 표현한 것이다.

필자의 식견으로 시란 어떤 사람의 사상을 세상적 수면 위로 인출하여 독자와의 공감대를 형성한 다음 인간다운 삶의 영역에 동참을 유도하는 것이다. 곧 현대시가 시적 요건을 잘 갖추어 융합된 사회에 글과 기계적 도구나 사회적 네트워크(SNS)로 소통할 때 그 효과는 더욱 극대화될 수 있다고 확신한다.

6. 시와 철학

인문학 측면에서 시와 철학은 한통속이다. 필자는 이 둘의 조합을 꾀하는 것이 아니라 과학기술이 창출해 낸 네트워크 구성과 결합된 통섭이라는 융합사회가 요구하는 현대시를 말하고자 한다. 이를 통해서 인간과의 상관성과 그에 적합한 소통과 창조적 유희

---

52) 통상적으로 패러다임 쉬프트는 '발상의 전환(Paradigm Shift)'라는 말로 쓰인다. 필자는 시적 변환장치를 이에 사용하였다. 이는 곧 시가 요구하는 서정 뿐 아니라 모순 어법, 역설, 환기적 심성, 비유 등을 적절하게 등재할 때 그 기능성에 맞추어 나갈 때에 이 용어를 사용하곤 한다.

를 통해 자유와 행복을 만끽했으면 하는 바람이다. 그런 연유로 융합이라는 말로 시와 철학을 정의한다기보다는 인간의 창의성을 통해 현실적인 삶의 질과 인생의 보다 만족스런 장을 만들고자 하는 것이다. 아래에서는 소주제로 철학과 시의 만남을 간략하게 설명하게 현대 시인의 대표주자인 시인 '고은'의 시 한편과 필자의 평을 통해서 시를 감상하고 본 논문을 정리하겠다.

6-1. 시와 철학의 만남

시란 무엇인가?[53] 그것은 시인이 대상에 투영한 객관적 사실에 주관적 체험을 바탕으로, 언어적 감각을 살려 글로 옮긴 것이다. 이에 시인의 감성을 사실이나 형상적인 관계를 잘 연계하여 시적 감흥으로 옮기는 일이다. 특별히 사실적 묘사나 비유적 기구를 통해서 각 구절이나 연마다 주지하고픈 화자와 독자의 관계를 원활한 담화를 창출해낼 수 있어야 한다.

게다가 사실을 상징적이면서도 귀한 품격으로 빚어낸다면 더욱 멋진 시가 될 것이다. 예를 들어 시인이 주변에 있는 순수한 경험을 바탕으로 시적 화자의 바람을 시운으로 옮긴다고 하자. 이 때 화자는 여러 각도에서 주어진 사실을 여러 각도에서 조망하게 된다. 이 때 시인은 할 수 있는 한 다양한 환원적 비유 장치를 걸어 놓

---

[53] 유종호, 「시란 무엇인가」 (서울: 강남출판문화센타, 1995), p. 34; 시는 즐거움을 주는 동시에 언어예술이기 때문에 상대적으로 자기 인식의 명료함을 준다.

으면 더욱 좋을 것이다.

  필자는 시인이 대상에 대한 인식과 직관을 사용하여 시에 생동감을 더한다면 비로소 시와 철학의 만남이 이루어질 것으로 확신한다. 특별히 형상적인 이미지를 배제하지 않으면서도 시적 화자가 바랐던 기대가 흐트러지지 않는 형태, 이런 시를 사실화된 시라고 말할 수 있을 것이다.
  이는 다소곳이 다리를 모아 앉은 어여쁜 소녀의 단아한 모습처럼 '우리들의 세상이 열리는 소리'와 '꿈이 자라는 소리'가 담겨 있는 모습이라면 더욱 좋을 것이다. 덧붙여 시가 추구하는 맛과 철학이 요구하는 삶의 관철을 융합적인 차원에서 가미한다면 현재를 아울러 미래를 끌어당기는 모습을 담지하게 될 것이고, 또한 삶의 윤활유가 되는 생동감 있는 원동력으로 발전할 수 있을 것이라 생각한다.

  이는 곧 시인이 직간접으로 화자가 되는 것으로, 이 때 독자와 한 몸이 될 수 있고 타자에게까지 담화의 장을 연출할 수 있다고 본다. 그렇게 된다면 단순하게 일구어 낸 시가 아니라 더욱 묘미 있고 구성진 철학시로서의 몫을 해 낼 수 있을 것이라는 뜻이다.
  만약, 순수시를 자연과 대구하여서 화자가 자연 속에서 밟고 가는 여정에 자신의 내면을 더하여 순수하게 표현할 수 있다면, 이야말로 순수철학시로 승격될 수 있을 것이다. 다른 예로 사회적 풍자를 통해서 저항시를 쓸 때에도 귀착된 내용에 인간의 삶을 질을 향상시키려는 의지와 책임감이 잘 결합된 시를 짓는다면 이 또한 멋진 시의 대열에 들어설 수 있을 것이다.

따라서, 시와 철학을 접목함으로서 시적 표현에 언어적 감각을 동원하여 과장되지 않은 교훈적 알레고리로 시와 인간적 삶의 지혜를 엮어낸다면, 그래서 보다 질 높은 삶을 빚어낼 수 있다면, 이 때의 시는 진정한 시로서의 의미를 다했다고 볼 수 있다.

인간적인 삶과 지혜로운 철학적 생의 연계를 통해서 시와 철학의 만남이 조화롭게 이루어진다면 분명히 독자들에게 '소통과 유희'의 세계로 인도할 수 있을 것이라고 판단한다. 그러므로 시인은 무엇보다 우선적으로 생의 철학자가 되어야만 할 것이다. 게다가 시운들 또한 감각적 이미지와 감성적 쾌감들을 자유자재로 사용하여, 이러한 시를 읽음으로써 독자들이 꿈을 향해갈 수 있는 아름다운 인생을 나아가도록 하여야만 할 것이다.

필자는 베르그송이 언급했던 생의 철학을 염두에 두면서 시와 철학의 만남을 소주제로 잡아보았다. 즉 대상을 간과하지 않고서 인지 감관 안에서 타자들과의 공통적 분모를 도출하여 환원하는 작업을 통해 생명의 활력을 발견하는 방식으로 개진하였다. 필자는 곧 한 생명이 끝나 없어지는 것이 아니라, 비약적 발전으로 말미암아 꿈의 소리를 들을 수 있다는 데까지 이르는 삶이 더욱 아름답다는 베르그송의 의견에 동의하는 바이다. 이토록 심연의 깊은 이야기를 끄집어내어 사실과 형상에 귀착시키고, 거기에 생명의 귀중함까지 곁들인 생생함과 활력이 넘치는 시를 빚어낸다면 분명 시와 철학의 만남은 성립될 것이라는 것을 확신하기 때문이다.

6-2. 이해와 감상

자작나무 숲으로 가서

― 고은

광혜원 이월마을에서 칠현산 기슭에 이르기 전에
그만 나는 영문 모를 드넓은 자작나무 분지로 접어들었다
누군가가 가라고 내 등을 떠밀었는지 나는 뒤돌아보았다
아무도 없다 다만 눈발에 익숙한 먼 산에 대해서
아무런 상관도 없게 자작나무 숲의 벗은 몸들이
이 세상을 정직하게 한다 그렇구나 겨울 나무들만이 타락을 모른다

슬픔에는 거짓이 없다 어찌 삶으로 울지 않은 사람이 있겠느냐
오래오래 우리나라 여자야말로 울음이었다 스스로 달래어 온 울음이
었다
자작나무는 저희들끼리건만 찾아든 나까지 하나가 된다
누구나 다 여기 오지 못해도 여기에 온 것이나 다름없이
자작나무는 오지 못한 사람 하나하나와도 함께인 양 아름답다

나는 나무와 나뭇가지와 깊은 하늘 속의 우듬지의 떨림을 보며
나 자신에게도 세상에도 우쭐해서 나뭇짐 지게 무겁게 지고 싶었다
아니 이런 추운 곳의 적막으로 태어나는 눈엽이나
삼거리 술집의 삶은 고기처럼 순하고 싶었다
너무나 교조적인 삶이었으므로 미풍에 대해서도 나는 사나웠
으므로

얼마만이냐 이런 곳이야말로 우리에게 십여 년 만에 강렬한 곳이
다
강렬한 이 경건성! 이것은 나 한 사람에게가 아니라
온 세상을 향해 말하는 것을 내 벅찬 가슴은 벌써 알고 있다
사람들도 자기가 모든 낱낱 중의 하나임을 깨달을 때가 온다
나는 어린 시절에 이미 늙어 버렸다 여기 와서 나는 또 태어나야 한다
그래서 이제 나는 자작나무의 천부적인 겨울과 함께
깨물어 먹고 싶은 어여쁨에 들떠 남의 어린 외동으로 자라난다
나는 광혜원으로 내려가는 길을 등지고 삭풍의 칠현산 험한 길로 서슴

없이 지향했다

'자작나무 숲으로 가서'의 전문

 고은 시인의 '자작나무 숲으로 가서'는 현대시의 정통을 보여주는 좋은 예라고 생각한다. 통례적으로 시평이라 함은 시적 화자의 마음을 읽어내야 한다.
 그 작업은 가히 쉬운 작업이 아니다. 아니 오히려 하늘의 별을 따오는 일이 더 쉬울 것이다. 하지만 화자가 머물었던 시대와 그 때의 상황, 그리고 시인의 시풍을 어느 정도 이해한다면 시의 내용을 정확하게 해설하지 못하더라도 근처에는 가지 않을까 하고 조심스럽게 생각해본다. 고은(고은태) 시인은 우리가 알듯이 노벨 문학상 후보에까지 오른 시인이며 명성이 대단한 사람이다.
 고은 시인의 시를 감히 졸자가 해설한다는 것이 두렵기도 하지만 짧은 소견으로 몇 자 적어보고자 한다.
 고은 시인의 '자작나무 숲으로 가서'의 배경을 보면 그가 27년간 안성에서 살게 된 연유에서 기원함을 알 수 있다. 그가 안성에 정착한 후 성환, 진천까지 약 5년간을 한없이 돌아다녔다고 한다. 하여튼 고은 시인의 삶을 돌아볼 때 그의 삶은 엄청난 문학적 특징은 자연과 종교와 경건과 희망의 노래를 인생에 담고 있다고 해도 과언이 아니다. 시를 비롯해 약 150권의 책을 출간할 정도였으니 감히 누가 고은 시인과 견줄 수 있으랴.

시적 화자는 인생의 회한을 '자연의 순수'에서 축출한 경건의 의미로 본 시의 모티프(Motif)로 삼아 '희망'을 낚았다. 주로 시각적 이미지(Visual Image)를 등재하여 수사어를 자제하면서도 시적 신선감(Freshness)을 더하고 있다. 시인은 제재(題材)인 '자작나무 숲'을 이용하여 대중적인 참여를 요청하고 있다. 이는 곧 인생의 회한과 성찰의 반향적 성격을 띠고 있다고 할 수 있다. 이 시는 관조적이며 서정적이면서 사람과 자연의 이행 대립을 통해 인생의 바른 삶을 빚어 낸 산고의 결산물이다.

본 시 '자작나무 숲으로 가서'의 내용을 살펴보겠다. 5연으로 구성되어 있으며 1연에서 타락을 모르는 '겨울의 자작나무' 숲에 자연스럽게 인도되면서 아주 고운 발길에 도입을 붙여 놓았다. 2연에서 자작나무의 아름다운 모습으로 인해 화자 및 모든 이들이 '순결의 미'와 '숭고의 넋'을 지녔다는 종교적 색채를 그렸다.

3연에서는 자신의 삶에 대한 회한을 강렬한 심상으로 들춰내었다. 또 너무나 교조(변하지 않는 진리 속에서 삶을 사는 모습)적이며 험한 세파 가운데 화자가 힘겹게 살았다는 것이 시의 중심에서

'회한적 어조'로 드러났음을 볼 수 있다. 그러나 화자는 후회스러운 삶을 살았지만 자작나무를 보면서 '배움의 장'으로 삼았던 것이다.

  4연에서는 화자 자신이 진정으로 삶의 버거움에서 벗었다는 깨달음에 어찌나 흥분되던지 그것이 곧 경건으로 옮겨 적게 된 것이다. 그리고 객관적으로 자신뿐만 아니라 대중에게도 이 깨달음을 전해주고 싶은 마음이 간절했던 것이다. 따라서 5연에서는 험한 인생일지라도 그것을 이겨낼 수 있는 힘이 자신에게 있음을 간파했기 때문에 삭풍의 칠현산 험한 산으로 서슴없이 향할 수 있었던 것이다. 본 시는 현대문학이 추구하는 요소를 담고 있으며 난해하지 않는 문장으로 통설(通說)적인 맛이 여물어있고 읽는 이에게 '아하! 그렇구나'라는 깨달음을 안겨주어 시적 미학으로서 가치가 있다.

III. 결 론

  과학은 첨단 정보기술의 장을 만들어내는 데 혁혁한 공을 세웠다. 이미 100년 전에 발견한 양자역학의 시대를 넘어 핵융합 계발을 넘는 나노기술은 혁명과학시대를 이루고 있다.

  글로벌 시대를 지나가고 있는 인류는 자연과학적 토대를 바탕으로 인문학적 양분을 받은 기술의 증대로 인해 삶의 풍요는 날로 증가하고 있다. 반면 과학은 발달하나 인문학은 주춤하는 듯 하는 이상한 양상을 띠고 있다. 필자는 이런 사실이 옳지 않으며 오히려 과학과 인문학은 공존하며 인문학이 인간 삶의 질을 향상시키고 있으며 과학에도 영향을 끼치고 있다고 여긴다. 사실 인문학이 과학을 포함하며 그 중심적 내용은 인간의 본성과 결탁되는 상관성을 내포하고 있다고 여기기 때문이다.

이런 이유로 정보기술(IT)을 통한 현대시가 주는 이점은 이루 말할 수 없다고 생각한다. 우리의 삶 자체가 시적인 삶과 연관되어 있으며, 그렇게 될 때라야만 현대시대가 요청하는 자유와 행복의 발광체를 만들 수 있을 것이기 때문이다. 더불어 현대시에서 추출한 소통의 터전은 정보기술과 인문학의 조화를 꾀할 수 있을 것이다. 그렇게 된다면, 서로 인간다운 삶에 즐거움을 누리고 기쁨을 공감할 수 있는 유희의 장이 마련될 수 있을 것이라고 전망한다.

References

1) 김광수 외. 『융합 인지과학의 프런티어』. 서울: 성균관대학교 출판부, 2011.
2) 김영철. 『21세기 한국시의 지평』. 서울: 신구문화사, 2008.

4) 유종호. 『시란 무엇인가』. 서울: 강남출판문화센타. 1995.
5) 홍성욱 외. 『융합이란 무엇인가』. 서울: 강남출판문화센타. 2012.
6) 홍성욱. 『인간의 얼굴을 한 과학 - 융합시대의 과학문화』. 서울: 서울대학교출판화원. 2009.
7) F. W. 니체/마틴 하이데거 지음. 『니체의 신은 죽었다』. 강윤철 옮김. 서울: 스타북스. 2011.
8). L. 비트겐슈타인. 『논리철학론』. 곽강제 옮김. 파주: 서광사. 2012.
9) 댄 오브라이언. 『지식론입문』. 한상기 옮김. 파주: 서광사. 2011.
10) 먼로 C. 비어슬리. 『미학사』. 이성훈, 안원현 옮김. 서울: 이론과 실천. 1999.
11) 스튜어트 밀. 『자유론』. 서병훈 역. 서울: 책세상. 2005.
12) 칼 포퍼. 『끝없는 탐구』. 박중서 옮김. 서울: 갈라파고스. 2002.

시와 철학의 만남

초판 인쇄 2015년 9월 24일
초판 발행 2015년 10월 1일

지은이 최성열
발행인 임수홍
편 집 전정희
디자인 맹신형

발행처 도서출판 국보
주 소 서울 강동구 양재대로 114길 32 2층
전 화 02-476-2757~8 FAX 02-475-2759
카 페 http://cafe.daum.net/lsh19577
E-mail kbmh11@hanmail.net

값 10,000원

ISBN 979-11-86487-13-6

· 저자와의 협약에 의해 인지는 생략합니다.
· 이 시집의 글은 저작권법에 따라 보호를 받는 저작물이므로 저자와 출판사의 동의 없이는 무단 전재 및 무단 복제를 금합니다.
· 잘못된 책은 바꾸어드립니다.

「이 도서의 국립중앙도서관 출판예정도서목록(CIP)은 서지정보유통지원시스템 홈페이지(http://seoji.nl.go.kr)와 국가자료공동목록시스템(http://www.nl.go.kr/kolisnet)에서 이용하실 수 있습니다.(CIP제어번호: CIP2015026001)」